Para: _____

*Fiel es el SEÑOR a su palabra y
bondadoso en todas sus obras.*

Salmo 145:13

De: _____

La misión de Editorial Vida es proporcionar los recursos nece-
sarios a fin de alcanzar a las personas para Jesucristo y
ayudarlas a crecer en su fe.

©2000 EDITORIAL VIDA

Miami, Florida 33166-4665

Publicado en inglés bajo el título:

God's Words of Life

© 1997 por Zondervan Corporation

Selecciones de:

Women's Devocional Bible2, New International Version.

© 1995 por Zondervan Corporation.

Traducción: Elizabeth F. Morris

Diseño: Mark Veldheer

Adaptación del diseño: O Design

Todas las citas bíblicas se tomaron de La Santa Biblia: Nueva
Versión Internacional. Copyright 1999 por la Sociedad
Bíblica Internacional. Publicada por Editorial Vida, una
división de Zondervan/HarperCollins.

ISBN 0-8297-2301-3
Categoría: Inspiración
Hecho en China
Made in China

04 05 06/HK/12 11 10 9 8

Palabras
de Vida

*Devocionales y pasajes de la
Nueva Versión Internacional
para la mujer*

Editorial Vida
www.editorialvida.com
ZondervanPublishingHouse
www.zondervan.com

PALABRAS DE VIDA PARA

Palabras de vida para
ACEPTAR A OTROS

Quien los recibe a ustedes, me recibe a mí; y quien me recibe a mí, recibe al que me envió.

Mateo 10:40

¡Cuán bueno y cuán agradable es que los hermanos convivan en armonía!

Salmo 133:1

Al que te pida, dale; y al que quiera tomar de ti prestado, no le vuelvas la espalda. Ustedes han oído que se dijo: «Ama a tu prójimo y odia a tu enemigo.» Pero yo les digo: Amen a sus enemigos y oren por quienes los persiguen.

Mateo 5:42-44

Amarlo con todo el corazón, con todo el entendimiento y con todas las fuerzas, y amar al prójimo como a uno mismo, es más importante que todos los holocaustos y sacrificios.

Marcos 12:33

Les aseguro que cualquiera que les dé un vaso de agua en mi nombre por ser ustedes de Cristo no perderá su recompensa.

Marcos 9:41

Traten a los demás tal y como quieren que ellos los traten a ustedes.

Lucas 6:31

Les he puesto el ejemplo, para que hagan lo mismo que yo he hecho con ustedes.

Juan 13:15

ACEPTAR A OTROS

Y éste es mi mandamiento: que se amen los unos a los otros, como yo los he amado. Nadie tiene amor más grande que el dar la vida por sus amigos.

Juan 15:12-13

Ámense los unos a los otros con amor fraternal, respetándose y honrándose mutuamente.

Romanos 12:10

Que el Señor los haga crecer para que se amen más y más unos a otros, y a todos, tal como nosotros los amamos a ustedes.

1 Tesalonicenses 3:12

Preocupémonos los unos por los otros, a fin de estimularnos al amor y a las buenas obras.

Hebreos 10:24

Hacen muy bien si de veras cumplen la ley suprema de la Escritura: «Ama a tu prójimo como a ti mismo.»

Santiago 2:8

Sobre todo, ámense los unos a los otros profundamente, porque el amor cubre multitud de pecados.

1 Pedro 4:8

Hay amigos que llevan a la ruina, y hay amigos más fieles que un hermano.

Proverbios 18:24

ACEPTAR A OTROS

Por tanto, acéptense mutuamente, así como Cristo los aceptó a ustedes para gloria de Dios.

Romanos 15:7

Queridos hermanos, amémonos los unos a los otros, porque el amor viene de Dios, y todo el que ama ha nacido de él y lo conoce.

1 Juan 4:7

Porque Cristo es nuestra paz: de los dos pueblos ha hecho uno solo, derribando mediante su sacrificio el muro de enemistad que nos separaba

Efesios 2:14

Y en él, que es la cabeza de todo poder y autoridad, ustedes han recibido esa plenitud.

Colosenses 2:10

De hecho, aunque el cuerpo es uno solo, tiene muchos miembros, y todos los miembros, no obstante ser muchos, forman un solo cuerpo. Así sucede con Cristo.

1 Corintios 12:12

Ya no hay judío ni griego, esclavo ni libre, hombre ni mujer, sino que todos ustedes son uno solo en Cristo Jesús.

Gálatas 3:28

Hagan lugar para nosotros en su corazón. A nadie hemos agraviado, a nadie hemos corrompido, a nadie hemos explotado.

2 Corintios 7:2

ACEPTAR A OTROS

Algunas personas acostumbran a sentirse como en casa. No tocan el timbre de la puerta. Entran por detrás. No les importa que haya un reguero en el piso. O te ayudan a recogerlo o le pasan por encima para servirse cada taza de café.

¿Cómo se las arreglan? Quizá la llave de la puerta trasera de nuestros corazones es solo aceptación, la clase de amor que te abraza tanto si tienes puesto el albornoz hecho jirones como si vistieras tu más fina ropa dominguera.

Esta clase de persona deja atrás las expectativas de cómo otros deben ser y qué deben hacer. Para ellos, cada persona es un tesoro enterrado por descubrir y disfrutar. Las diferencias son una fuente de deleite. Las evaluaciones, los juicios y las transformaciones no son su función. La aceptación amorosa sí lo es.

Cuando una persona así me acepta en su corazón, sin duda estará pronto en el mío.

Susan Lenzkes

Palabras de vida para
La Ansiedad

Encomienda al Señor tus afanes, y él te sostendrá; no permitirá que el justo caiga y quede abatido para siempre.

Salmo 55:22

Encomienda al Señor tu camino; confía en él, y él actuará. Hará que tu justicia resplandezca como el alba; tu justa causa, como el sol de mediodía.

Salmo 37:5-6

Pon en manos del Señor todas tus obras, y tus proyectos se cumplirán.

Proverbios 16:3

Bendito el hombre que confía en el Señor, y pone su confianza en él. Será como un árbol plantado junto al agua, que extiende sus raíces hacia la corriente; no teme que llegue el calor, y sus hojas están siempre verdes. En época de sequía no se angustia, y nunca deja de dar fruto.

Jeremías 17:7-8

Fíjense en las aves del cielo: no siembran ni cosechan ni almacenan en graneros; sin embargo, el Padre celestial las alimenta. ¿No valen ustedes mucho más que ellas?

Mateo 6:26

LA ANSIEDAD

No se inquieten por nada; más bien, en toda ocasión, con oración y ruego, presenten sus peticiones a Dios y denle gracias. Y la paz de Dios, que sobrepasa todo entendimiento, cuidará sus corazones y sus pensamientos en Cristo Jesús.

Filipenses 4:6-7

Manténganse libres del amor al dinero, y conténtense con lo que tienen, porque Dios ha dicho: «Nunca te dejaré; jamás te abandonaré.»

Hebreos 13:5

¿Y por qué se preocupan por la ropa? Observen cómo crecen los lirios del campo. No trabajan ni hilan; sin embargo, les digo que ni siquiera Salomón, con todo su esplendor, se vestía como uno de ellos. Si así viste Dios a la hierba que hoy está en el campo y mañana es arrojada al horno, ¿no hará mucho más por ustedes, gente de poca fe?

Mateo 6:28-30

Depositen en él toda ansiedad, porque él cuida de ustedes.

1 Pedro 5:7

Luego dijo Jesús a sus discípulos: «Por eso les digo: No se preocupen por su vida, qué comerán; ni por su cuerpo, con qué se vestirán. La vida tiene más valor que la comida, y el cuerpo más que la ropa.»

Lucas 12:22-23

«Yo mismo iré contigo y te daré descanso», respondió el Señor.

Éxodo 33:14

Palabras de vida para

LA ANSIEDAD

No tengan miedo, mi rebaño pequeño, porque es la buena voluntad del Padre darles el reino.

Lucas 12:32

Más bien, busquen primeramente el reino de Dios y su justicia, y todas estas cosas les serán añadidas.

Mateo 6:33

No nos cansemos de hacer el bien, porque a su debido tiempo cosecharemos si no nos damos por vencidos.

Gálatas 6:9

El SEÑOR mismo marchará al frente de ti y estará contigo; nunca te dejará ni te abandonará. No temas ni te desanimes.

Deuteronomio 31:8

Durante todos los días de tu vida, nadie será capaz de enfrentarse a ti. Así como estuve con Moisés, también estaré contigo; no te dejaré ni te abandonaré.

Josué 1:5

¡Sé fuerte y valiente! ¡No tengas miedo ni te desanimes! Porque el SEÑOR tu Dios te acompañará dondequiera que vayas.

Josué 1:9

Vengan a mí todos ustedes que están cansados y agobiados, y yo les daré descanso. Carguen con mi yugo y aprendan de mí, pues yo soy apacible y humilde de corazón, y encontrarán descanso para su alma.

Mateo 11:28-29

Manténganse alerta; permanezcan firmes en la fe; sean valientes y fuertes.

1 Corintios 16:13

Pues Dios no nos ha dado un espíritu de timidez, sino de poder, de amor y de dominio propio.

2 Timoteo 1:7

El temor del SEÑOR es un baluarte seguro que sirve de refugio a los hijos.

Proverbios 14:26

Así que acerquémonos confiadamente al trono de la gracia para recibir misericordia y hallar la gracia que nos ayude en el momento que más la necesitemos.

Hebreos 4:16

Así que podemos decir con toda confianza:

«El Señor es quien me ayuda; no temeré. ¿Qué me puede hacer un simple mortal?»

Hebreos 13:6

El SEÑOR estará con ustedes, siempre y cuando ustedes estén con él. Si lo buscan, él dejará que ustedes lo hallen.

2 Crónicas 15:2

El SEÑOR fortalece a su pueblo; el Señor bendice a su pueblo con la paz.

Salmo 29:11

La Ansiedad

Podrán desfallecer mi cuerpo y mi espíritu, pero Dios fortalece mi corazón; él es mi herencia eterna.

Salmo 73:26

Los que aman tu ley disfrutan de gran bienestar, y nada los hace tropezar.

Salmo 119:165

Los que confían en el SEÑOR son como el monte Sión, que jamás será conmovido, que permanecerá para siempre.

Salmo 125:1

En el día de mi angustia te invoco, porque tú me respondes.

Salmo 86:7

«No tengas miedo—respondió Eliseo—. Los que están con nosotros son más que ellos.»

2 Reyes 6:16

Cuando estés tentada a sentirte sin esperanzas y te atrape el temor sobre el futuro, recuerda... la vida es difícil y no debe sorprendernos que un mundo caído nos ocasione desilusiones, pérdidas dolorosas, expectativas insatisfechas y tristezas. Sin embargo, ¡cuidado! Si un día no sucede nada, preocúpate un poco, ¡tal vez sea que dejamos de vivir!

Nuevas oportunidades y desafíos traen numerosas situaciones que nos asustan, ¡pero debemos probarlas! Busca la ayuda de expertos en el campo que te preocupa. O habla sobre tus temores con tu esposo o con un buen amigo o amiga.

Una actitud optimista te permitirá disfrutar mejor el día de hoy. Busca ideas y anécdotas cómicas.

Hay un temor escondido que viene al sentirse uno impotente. Emprender algo con fe puede parecer alarmante, arriesgado, imposible, sin sentido, exigente, temerario y poco natural. ¡Pero vale la pena!

Carol Kent

Palabras de vida para
LA BELLEZA

Mujer ejemplar, ¿dónde se hallará? ¡Es más valiosa que las piedras preciosas!

Proverbios 31:10

Que la belleza de ustedes no sea la externa, que consiste en adornos tales como peinados ostentosos, joyas de oro y vestidos lujosos. Que su belleza sea más bien la incorruptible, la que procede de lo íntimo del corazón y consiste en un espíritu suave y apacible. Ésta sí que tiene mucho valor delante de Dios. Así se adornaban en tiempos antiguos las santas mujeres que esperaban en Dios, cada una sumisa a su esposo.

1 Pedro 3:3-5

Una sola cosa le pido al Señor, y es lo único que persigo: habitar en la casa del Señor todos los días de mi vida, para contemplar la hermosura del Señor y recrearme en su templo.

Salmo 27:4

Engañoso es el encanto y pasajera la belleza; la mujer que teme al Señor es digna de alabanza.

Proverbios 31:30

Se reviste de fuerza y dignidad, y afronta segura el porvenir. Cuando habla, lo hace con sabiduría; cuando instruye, lo hace con amor.

Proverbios 31:25-26

Dios hizo todo hermoso en su momento.

Eclesiastés 3:11

LA BELLEZA

Todos tenemos imperfecciones. Vivimos en un mundo imperfecto.

Fuimos creados con el propósito de dejar que la luz de Dios brille a través de cada faceta de nuestro ser, al expresar sus colores y belleza de formas que ningún otro puede hacerlo.

Si todos los días miraras un anillo a través de un microscopio hasta llegar a conocer bien cada imperfección, quizá te daría pena. Sin embargo, Dios no quiso que así se viera la belleza de los diamantes. La belleza de un diamante se ve cuando alguien lo levanta a la luz solar y todos lo pueden ver centellear.

Fuimos creados para brillar con la luz del genio creativo de Dios. Cuando te aprecies a ti misma, en toda tu singularidad, podrás levantar tu vida a la luz. Te atreverás a expresar con tu vida la belleza con la que te crearon... limpia y pulida con el perdón de Dios.

Connie Neal

Palabras de vida para
LOS DESAFÍOS

Dios hizo todo hermoso en su momento, y puso en la mente humana el sentido del tiempo, aun cuando el hombre no alcanza a comprender la obra que Dios realiza de principio a fin. Yo sé que nada hay mejor para el hombre que alegrarse y hacer el bien mientras viva; y sé también que es un don de Dios que el hombre coma o beba, y disfrute de todos sus afanes.

Eclesiastés 3:11-13

Tus ojos vieron mi cuerpo en gestación: todo estaba ya escrito en tu libro; todos mis días se estaban diseñando, aunque no existía uno solo de ellos. ¡Cuán preciosos, oh Dios, me son tus pensamientos! ¡Cuán inmensa es la suma de ellos! Si me propusiera contarlos, sumarían más que los granos de arena. Y si terminara de hacerlo, aún estaría a tu lado.

Salmo 139:16-18

Una sola cosa le pido al SEÑOR, y es lo único que persigo: habitar en la casa del SEÑOR todos los días de mi vida, para contemplar la hermosura del SEÑOR y recrearme en su templo.

Salmo 27:4

Durante todos los días de tu vida, nadie será capaz de enfrentarse a ti. Así como estuve con Moisés, también estaré contigo; no te dejaré ni te abandonaré.

Josué 1:5

Palabras de vida para
LOS DESAFÍOS

Llegarás a tener muchos hijos, y descendientes como la
hierba del campo. Llegarás al sepulcro anciano pero
vigoroso, como las gavillas que se recogen a tiempo.

Job 5:25-26

Y me dije: «Que hable la voz de la experiencia; que
demuestren los ancianos su sabiduría.» Pero lo que da
entendimiento al hombre es el espíritu que en él habita;
¡es el hálito del Todopoderoso!

Job 32:7-8

Aun cuando sea yo anciano y peine canas, no me abandones, oh Dios, hasta que anuncie tu poder a la generación venidera, y dé a conocer tus proezas a los que aún
no han nacido.

Salmo 71:18

Aun en su vejez, darán fruto; siempre estarán vigorosos y
lozanos, para proclamar: «El Señor es justo; él es mi
Roca, y en él no hay injusticia.»

Salmo 92:14-15

Los jóvenes y las jóvenes, los ancianos y los niños.
Alaben el nombre del Señor, porque sólo su nombre es
excelso; su esplendor está por encima de la tierra y de los
cielos.

Salmo 148:12-13

Las canas son una honrosa corona que se obtiene en el
camino de la justicia.

Proverbios 16:31

Palabras de vida para
LOS DESAFÍOS

Acuérdate de tu Creador en los días de tu juventud, antes que lleguen los días malos y vengan los años en que digas: «No encuentro en ellos placer alguno.»

Eclesiastés 12:1

Los días del hombre ya están determinados; tú has decretado los meses de su vida; le has puesto límites que no puede rebasar.

Job 14:5

Aun en la vejez, cuando ya peinen canas, yo seré el mismo, yo los sostendré. Yo los hice, y cuidaré de ustedes; los sostendré y los libraré.

Isaías 46:4

Después vi un cielo nuevo y una tierra nueva, porque el primer cielo y la primera tierra habían dejado de existir, lo mismo que el mar. Vi además la ciudad santa, la nueva Jerusalén, que bajaba del cielo, procedente de Dios, preparada como una novia hermosamente vestida para su prometido. Oí una potente voz que provenía del trono y decía: «¡Aquí, entre los seres humanos, está la morada de Dios! Él acampará en medio de ellos, y ellos serán su pueblo; Dios mismo estará con ellos y será su Dios. Él les enjugará toda lágrima de los ojos. Ya no habrá muerte, ni llanto, ni lamento ni dolor, porque las primeras cosas han dejado de existir.» El que estaba sentado en el trono dijo: «¡Yo hago nuevas todas las cosas!» Y añadió: «Escribe, porque estas palabras son verdaderas y dignas de confianza.» También me dijo: «Ya todo está hecho. Yo soy el Alfa y la Omega, el Principio y el Fin. Al que tenga sed le daré a beber gratuitamente de la fuente del agua de la vida. El que salga vencedor heredará todo esto, y yo seré su Dios y él será mi hijo.»

Apocalipsis 21:1-7

Te pidió vida, se la concediste: una vida larga y duradera.

Salmo 21:4

El que quiera amar la vida y gozar de días felices, que refrene su lengua de hablar el mal y sus labios de proferir engaños.

Salmo 34:12-13

Lo colmaré con muchos años de vida y le haré gozar de mi salvación.

Salmo 91:16

Hijo mío, no te olvides de mis enseñanzas; más bien, guarda en tu corazón mis mandamientos. Porque prolongarán tu vida muchos años y te traerán prosperidad.

Proverbios 3:1-2

Por mí aumentarán tus días; muchos años de vida te serán añadidos.

Proverbios 9:11

El temor del SEÑOR prolonga la vida, pero los años del malvado se acortan.

Proverbios 10:27

Palabras de vida para
LOS DESAFÍOS

En efecto, «el que quiera amar la vida y gozar de días felices, que refrene su lengua de hablar el mal y sus labios de proferir engaños; que se aparte del mal y haga el bien; que busque la paz y la siga.

1 Pedro 3:10-11

Cuando yo era niño, hablaba como niño, pensaba como niño, razonaba como niño; cuando llegué a ser adulto, dejé atrás las cosas de niño.

1 Corintios 13:11

El Dios sempiterno es tu refugio; por siempre te sostiene entre sus brazos. Expulsará de tu presencia al enemigo y te ordenará que lo destruyas.

Deuteronomio 33:27

Aquí está ella, mi madre durante cuarenta años. Al verla, siento que alguien le dio cuerda al reloj. Los años se redujeron. La historia tiene un principio y un fin. Entonces los brazos de mamá me rodean con ternura y estoy en casa. La hija de cuarenta años alentada con la caricia de su mamá. Durante un abrazo el tiempo no corre.

Oigo el silbido de la tetera. Las galleticas de chocolate de mi mamá me sacan del paso del tiempo. Nuestras risas ahogan el reloj. En la risa no existe el tiempo.

Por un momento olvido el tictac del reloj. Estoy unida a cosas que nunca cambian: la bienvenida de una madre temprano en la mañana, las frescas galleticas de chocolate acabadas de hornear, una bandeja y risas.

Estoy unida a un Dios que no cambia. Conozco al Dios de los tiempos que aún sigue por encima del tiempo. En esta noche, veo en la cara de mi mamá la extraña paradoja del tiempo y la eternidad. Un raro vistazo de lo divino.

Ruth Senter

Palabras de vida para
LOS CONFLICTOS

No te dejes vencer por el mal; al contrario, vence el mal con el bien.

Romanos 12:21

Que el Dios que infunde aliento y perseverancia les conceda vivir juntos en armonía, conforme al ejemplo de Cristo Jesús, para que con un solo corazón y a una sola voz glorifiquen al Dios y Padre de nuestro Señor Jesucristo. Por tanto, acéptense mutuamente, así como Cristo los aceptó a ustedes para gloria de Dios

Romanos 15:5-7

Les suplico, hermanos, en el nombre de nuestro Señor Jesucristo, que todos vivan en armonía y que no haya divisiones entre ustedes, sino que se mantengan unidos en un mismo pensar y en un mismo propósito.

1 Corintios 1:10

Pase lo que pase, compórtense de una manera digna del evangelio de Cristo. De este modo, ya sea que vaya a verlos o que, estando ausente, sólo tenga noticias de ustedes, sabré que siguen firmes en un mismo propósito, luchando unánimes por la fe del evangelio.

Filipenses 1:27

Llénenme de alegría teniendo un mismo parecer, un mismo amor, unidos en alma y pensamiento. No hagan nada por egoísmo o vanidad; más bien, con humildad consideren a los demás como superiores a ustedes mismos. Cada uno debe velar no sólo por sus propios intereses sino también por los intereses de los demás.

Filipenses 2:2-4

En fin, vivan en armonía los unos con los otros;
compartan penas y alegrías, practiquen el amor fraternal,
sean compasivos y humildes. No devuelvan mal por mal
ni insulto por insulto; más bien, bendigan, porque para
esto fueron llamados, para heredar una bendición.

1 Pedro 3:8-9

No alimentes odios secretos contra tu hermano, sino
reprende con franqueza a tu prójimo para que no sufras
las consecuencias de su pecado. No seas vengativo con
tu prójimo, ni le guardes rencor. Ama a tu prójimo como
a ti mismo. Yo soy el SEÑOR.

Levítico 19:17-18

Por lo tanto, esforcémonos por promover todo lo que
conduzca a la paz y a la mutua edificación.

Romanos 14:19

Entonces el SEÑOR le dijo: «¿Por qué estás tan enojado?
¿Por qué andas cabizbajo? Si hicieras lo bueno, podrías
andar con la frente en alto. Pero si haces lo malo, el
pecado te acecha, como una fiera lista para atraparte. No
obstante, tú puedes dominarlo.»

Génesis 4:6-7

Refrena tu enojo, abandona la ira; no te irrites, pues esto
conduce al mal.

Salmo 37:8

El prudente pasa por alto el insulto.

Proverbios 12:16

La respuesta amable calma el enojo, pero la agresiva echa leña al fuego.

Proverbios 15:1

El que es iracundo provoca contiendas; el que es paciente las apacigua.

Proverbios 15:18

Iniciar una pelea es romper una represa; vale más retirarse que comenzarla.

Proverbios 17:14

El buen juicio hace al hombre paciente; su gloria es pasar por alto la ofensa.

Proverbios 19:11

No te hagas amigo de gente violenta, ni te juntes con los iracundos, no sea que aprendas sus malas costumbres y tú mismo caigas en la trampa.

Proverbios 22:24-25

Por eso yo, que estoy preso por la causa del Señor, les ruego que vivan de una manera digna del llamamiento que han recibido, siempre humildes y amables, pacientes, tolerantes unos con otros en amor. Esfuércense por mantener la unidad del Espíritu mediante el vínculo de la paz.

Efesios 4:1-3

LOS CONFLICTOS

Abandonen toda amargura, ira y enojo, gritos y calumnias, y toda forma de malicia. Más bien, sean bondadosos y compasivos unos con otros, y perdónense mutuamente, así como Dios los perdonó a ustedes en Cristo.

Efesios 4:31-32

No te dejes llevar por el enojo que sólo abriga el corazón del necio.

Eclesiastés 7:9

«Si se enojan, no pequen.» No dejen que el sol se ponga estando aún enojados, ni den cabida al diablo.

Efesios 4:26-27

Quiero, pues, que en todas partes los hombres levanten las manos al cielo con pureza de corazón, sin enojos ni contiendas.

1 Timoteo 2:8

Mis queridos hermanos, tengan presente esto: Todos deben estar listos para escuchar, y ser lentos para hablar y para enojarse; pues la ira humana no produce la vida justa que Dios quiere.

Santiago 1:19-20

Amen a sus enemigos y oren por quienes los persiguen.

Mateo 5:44

El odio es motivo de disensiones, pero el amor cubre todas las faltas.

Proverbios 10:12

Palabras de vida para
LOS CONFLICTOS

Si alguien afirma: «Yo amo a Dios», pero odia a su hermano, es un mentiroso; pues el que no ama a su hermano, a quien ha visto, no puede amar a Dios, a quien no ha visto. Y él nos ha dado este mandamiento: el que ama a Dios, ame también a su hermano.

1 Juan 4:20-21

El amor es paciente, es bondadoso. El amor no es envidioso ni jactancioso ni orgulloso. No se comporta con rudeza, no es egoísta, no se enoja fácilmente, no guarda rencor.

1 Corintios 13:4-5

¡Cuán bueno y cuán agradable es que los hermanos convivan en armonía!

Salmo 133:1

LOS CONFLICTOS

¿El secreto de la unidad? Aceptar como tuyos los sentimientos, necesidades y deseos de otra persona.

La unidad es maravillosa cuando esto sucede, pero a menudo es difícil lograrla. Los creyentes difieren, están en desacuerdo, unos a otros hieren sus sentimientos, pelean sobre asuntos y problemas.

La clave para alcanzar la unidad está en la oración de Jesús a su Padre por todos los creyentes: «que sean uno, así como nosotros somos uno: yo en ellos, y tú en mí» (Juan 17:22-23).

¡Harías voluntariamente la promesa de darle la prioridad a los planes de Jesús y tenerlos como tuyos? Si es así, permites que Jesús esté en «ti».

Y cuando te reúnas con otros creyentes que hayan hecho lo mismo, no podrás evitar tener «un mismo parecer, un mismo amor, unidos en alma y pensamiento» (Filipenses 2:2).

Edith Bajema

Palabras de vida para
El Contentamiento

Tú, Señor, eres mi porción y mi copa; eres tú quien ha afirmado mi suerte. Bellos lugares me han tocado en suerte; ¡preciosa herencia me ha correspondido!

Salmo 16:5-6

Guarda silencio ante el Señor, y espera en él con paciencia; no te irrites ante el éxito de otros, de los que maquinan planes malvados. Refrena tu enojo, abandona la ira; no te irrites, pues esto conduce al mal. Porque los impíos serán exterminados, pero los que esperan en el Señor heredarán la tierra.

Salmo 37:7-9

Más vale lo poco de un justo que lo mucho de innumerables malvados; porque el brazo de los impíos será quebrado, pero el Señor sostendrá a los justos.

Salmo 37:16-17

Cumple los deseos de quienes le temen; atiende a su clamor y los salva.

Salmo 145:19

El inconstante recibirá todo el pago de su inconstancia; el hombre bueno, el premio de sus acciones.

Proverbios 14:14

El corazón alegre se refleja en el rostro, el corazón dolido deprime el espíritu.

Proverbios 15:13

Más vale tener poco, con temor del SEÑOR, que muchas riquezas con grandes angustias. Más vale comer verduras sazonadas con amor que un festín de carne sazonada con odio.

Proverbios 15:16-17

Una mirada radiante alegra el corazón, y las buenas noticias renuevan las fuerzas.

Proverbios 15:30

Más vale tener poco con justicia que ganar mucho con injusticia.

Proverbios 16:8

Más vale comer pan duro donde hay concordia que hacer banquete donde hay discordia.

Proverbios 17:1

Yo sé que nada hay mejor para el hombre que alegrarse y hacer el bien mientras viva; y sé también que es un don de Dios que el hombre coma o beba, y disfrute de todos sus afanes.

Eclesiastés 3:12-13

Más vale poco con tranquilidad que mucho con fatiga... ¡corriendo tras el viento!

Eclesiastés 4:6

Palabras de vida para

EL CONTENTAMIENTO

Por tanto, celebro la alegría, pues no hay para el hombre nada mejor en esta vida que comer, beber y divertirse, pues sólo eso le queda de tanto afanarse en esta vida que Dios le ha dado.

Eclesiastés 8:15

Confía en el SEÑOR de todo corazón, y no en tu propia inteligencia. Reconócelo en todos tus caminos, y él allanará tus sendas.

Proverbios 3:5-6

En cualquier caso, cada uno debe vivir conforme a la condición que el Señor le asignó y a la cual Dios lo ha llamado. Ésta es la norma que establezco en todas las iglesias.

1 Corintios 7:17

No digo esto porque esté necesitado, pues he aprendido a estar satisfecho en cualquier situación en que me encuentre. Sé lo que es vivir en la pobreza, y lo que es vivir en la abundancia. He aprendido a vivir en todas y cada una de las circunstancias, tanto a quedar saciado como a pasar hambre, a tener de sobra como a sufrir escasez. Todo lo puedo en Cristo que me fortalece.

Filipenses 4:11-13

Es cierto que con la verdadera religión se obtienen grandes ganancias, pero sólo si uno está satisfecho con lo que tiene. Porque nada trajimos a este mundo, y nada podemos llevarnos. Así que, si tenemos ropa y comida, contentémonos con eso.

1 Timoteo 6:6-8

Manténganse libres del amor al dinero, y conténtense con lo que tienen, porque Dios ha dicho: «Nunca te dejaré; jamás te abandonaré.» Así que podemos decir con toda confianza: «El Señor es quien me ayuda; no temeré.
¿Qué me puede hacer un simple mortal?»

Hebreos 13:5-6

El Contentamiento

Creo que peleamos con Dios casi toda la vida. De continuo tratamos de mostrarle para qué estamos hechos. Sin cesar le damos mejores ideas. Siempre trabajamos por algo más grande y mejor que cualquier otra cosa que él pueda tener en mente. Muchos de nosotros, cuando llegamos a la madurez, creemos que de alguna forma perdimos varias de las grandes oportunidades para las que nacimos. Sobre eso peleamos con Dios.

Voy a ti, sin embargo, sabiendo que Dios no me hizo para impresionarte. Ni para ser perfecta ni un genio. ¡Ni para hacer un millón de dólares!

Dios me hizo para que fuera sencilla en mi fe. Para ver a los niños, a los papalotes, la puesta del sol y los arco iris y que los disfrutara. Tomar tu mano sin considerar quién eres ni cómo es tu apariencia, oírte, aceptar que estás en lo cierto cuando lo estás, amarte incondicionalmente.

Dios me hizo para ser real. Para ser sincera. Ser receptiva. Nunca compararme contigo, pero luchar para lograr ser la mejor persona que hay en mí.

Ann Kiemel Anderson

La Creatividad

El Señor habló con Moisés y le dijo: «Toma en cuenta que he escogido a Bezalel, hijo de Uri y nieto de Jur, de la tribu de Judá, y lo he llenado del Espíritu de Dios, de sabiduría, inteligencia y capacidad creativa para hacer trabajos artísticos en oro, plata y bronce, para cortar y engastar piedras preciosas, para hacer tallados en madera y para realizar toda clase de artesanías. Además, he designado como su ayudante a Aholiab hijo de Ajisamac, de la tribu de Dan, y he dotado de habilidad a todos los artesanos para que hagan todo lo que te he mandado hacer.»

Éxodo 31:1-6

Toda buena dádiva y todo don perfecto descienden de lo alto, donde está el Padre que creó las lumbreras celestes, y que no cambia como los astros ni se mueve como las sombras.

Santiago 1:17

Las colchas las cose ella misma, y se viste de púrpura y lino fino … Confecciona ropa de lino y la vende; provee cinturones a los comerciantes.

Proverbios 31:22,24

Cada uno ponga al servicio de los demás el don que haya recibido, administrando fielmente la gracia de Dios en sus diversas formas. El que habla, hágalo como quien expresa las palabras mismas de Dios; el que presta algún servicio, hágalo como quien tiene el poder de Dios. Así Dios será en todo alabado por medio de Jesucristo, a quien sea la gloria y el poder por los siglos de los siglos. Amén.

1 Pedro 4:10-11

Palabras de vida para
LA CREATIVIDAD

El SEÑOR es sol y escudo; Dios nos concede honor y gloria. El SEÑOR brinda generosamente su bondad a los que se conducen sin tacha.

Salmo 84:11

En realidad, Dios da sabiduría, conocimientos y alegría a quien es de su agrado; en cambio, al pecador le impone la tarea de acumular más y más, para luego dárselo todo a quien es de su agrado. Y también esto es absurdo; ¡es correr tras el viento!

Eclesiastés 2:26

Él cambia los tiempos y las épocas, pone y depone reyes. A los sabios da sabiduría, y a los inteligentes, discernimiento.

Daniel 2:21

Tenemos dones diferentes, según la gracia que se nos ha dado. Si el don de alguien es el de profecía, que lo use en proporción con su fe; si es el de prestar un servicio, que lo preste; si es el de enseñar, que enseñe; si es el de animar a otros, que los anime; si es el de socorrer a los necesitados, que dé con generosidad; si es el de dirigir, que dirija con esmero; si es el de mostrar compasión, que lo haga con alegría.

Romanos 12:6-8

Unidos a Cristo ustedes se han llenado de toda riqueza, tanto en palabra como en conocimiento.

1 Corintios 1:5

Palabras de vida para
La Creatividad

En realidad, preferiría que todos fueran como yo. No obstante, cada uno tiene de Dios su propio don: éste posee uno; aquél, otro.

1 Corintios 7:7

Porque si uno lo hace de buena voluntad, lo que da es bien recibido según lo que tiene, y no según lo que no tiene.

2 Corintios 8:12

De modo que, en cuanto a comer lo sacrificado a los ídolos, sabemos que un ídolo no es absolutamente nada, y que hay un solo Dios. Pues aunque haya los así llamados dioses, ya sea en el cielo o en la tierra (y por cierto que hay muchos «dioses» y muchos «señores»), para nosotros no hay más que un solo Dios, el Padre, de quien todo procede y para el cual vivimos; y no hay más que un solo Señor, es decir, Jesucristo, por quien todo existe y por medio del cual vivimos.

1 Corintios 12:4-6

Cada uno ponga al servicio de los demás el don que haya recibido, administrando fielmente la gracia de Dios en sus diversas formas.

1 Pedro 4:10

¿Quién infundió sabiduría en el ibis, o dio al gallo entendimiento?

Job 38:36

LA CREATIVIDAD

Un millón de veces lo he oído, expresado con admiración y, por lo general, con un poco de envidia: «¡Ah, es muy creativa!»

Casi siempre describe una clase de persona con «dotes artísticos», alguien que pinta o escribe o hace objetos de cerámica. Estos tipos de actividades creativas pueden dar gran gozo a quienes lo hacen y a quienes disfrutan sus resultados. Sin embargo, la verdad es que no tienes que ser artista para infundir el espíritu de creatividad en tu hogar y vida.

La creatividad es una habilidad que Dios da para convertir algo común en algo especial. Es disponerse a hacer las cosas viejas de nuevas formas y adaptar las buenas ideas de otros de modo que se acomoden a nuestras necesidades personales. Y la creatividad es una habilidad que todos poseemos, aunque muchos la mantenemos en los rincones secretos de nuestra vida.

El espíritu creativo es parte de nuestra herencia como hijos del que creó todas las cosas. Y cultivar nuestra creatividad es parte de nuestras responsabilidades como mayordomos de las buenas dádivas de Dios.

Emilie Barnes

Palabras de vida para
LA DEPRESIÓN

Encomienda al SEÑOR tus afanes, y él te sostendrá; no permitirá que el justo caiga y quede abatido para siempre.

Salmo 55:22

Pon en manos del SEÑOR todas tus obras, y tus proyectos se cumplirán.

Proverbios 16:3

Los ojos del SEÑOR están sobre los justos, y sus oídos, atentos a sus oraciones.

Salmo 34:15

No se inquieten por nada; más bien, en toda ocasión, con oración y ruego, presenten sus peticiones a Dios y denle gracias. Y la paz de Dios, que sobrepasa todo entendimiento, cuidará sus corazones y sus pensamientos en Cristo Jesús. Por último, hermanos, consideren bien todo lo verdadero, todo lo respetable, todo lo justo, todo lo puro, todo lo amable, todo lo digno de admiración, en fin, todo lo que sea excelente o merezca elogio.

Filipenses 4:6-8

Tú oíste mi voz suplicante cuando te pedí que me ayudaras … Cobren ánimo y ármense de valor, todos los que en el SEÑOR esperan.

Salmo 31:22,24

Recuerda que ando errante y afligido, que me embarga la hiel y la amargura. Siempre tengo esto presente, y por eso me deprimo. Pero algo más me viene a la memoria, lo cual me llena de esperanza: El gran amor del SEÑOR nunca se acaba, y su compasión jamás se agota. Cada mañana se renuevan sus bondades; ¡muy grande es su fidelidad!

Lamentaciones 3:19-23

Mis lágrimas son mi pan de día y de noche, mientras me echan en cara a todas horas: «¿Dónde está tu Dios?» …¿Por qué voy a inquietarme? ¿Por qué me voy a angustiar? En Dios pondré mi esperanza y todavía lo alabaré. ¡Él es mi Salvador y mi Dios!

Salmo 42:3,5

Por la mañana hazme saber de tu gran amor, porque en ti he puesto mi confianza. Señálame el camino que debo seguir, porque a ti elevo mi alma.

Salmo 143:8

Los miraré favorablemente, y los haré volver a este país. Los edificaré y no los derribaré, los plantaré y no los arrancaré. Les daré un corazón que me conozca, porque yo soy el SEÑOR. Ellos serán mi pueblo, y yo seré su Dios, porque volverán a mí de todo corazón.

Jeremías 24:6-7

El SEÑOR es refugio de los oprimidos; es su baluarte en momentos de angustia.

Salmo 9:9

El Dios sempiterno es tu refugio; por siempre te sostiene entre sus brazos. Expulsará de tu presencia al enemigo y te ordenará que lo destruyas.

Deuteronomio 33:27

Dios es nuestro amparo y nuestra fortaleza, nuestra ayuda segura en momentos de angustia. Por eso, no temeremos aunque se desmorone la tierra y las montañas se hundan en el fondo del mar; aunque rujan y se encrespen sus aguas, y ante su furia retiemblen los montes.

Salmo 46:1-3

Palabras de vida para
La Depresión

El Señor afirma los pasos del hombre cuando le agrada su modo de vivir; podrá tropezar, pero no caerá, porque el Señor lo sostiene de la mano.

Salmo 37:23-24

Busqué al Señor, y él me respondió; me libró de todos mis temores.

Salmo 34:4

El Señor está cerca de los quebrantados de corazón, y salva a los de espíritu abatido. Muchas son las angustias del justo, pero el Señor lo librará de todas ellas.

Salmo 34:18-19

Sólo en Dios halla descanso mi alma; de él viene mi salvación. Sólo él es mi roca y mi salvación; él es mi protector. ¡Jamás habré de caer!

Salmo 62:1-2

Me has hecho pasar por muchos infortunios, pero volverás a darme vida; de las profundidades de la tierra volverás a levantarme.

Salmo 71:20

Podrán desfallecer mi cuerpo y mi espíritu, pero Dios fortalece mi corazón; él es mi herencia eterna.

Salmo 73:26

Entiendan esto, gente necia; ¿cuándo, insensatos, lo van a comprender? ¿Acaso no oirá el que nos puso las orejas, ni podrá ver el que nos formó los ojos?

Salmo 94:18-19

El SEÑOR levanta a los caídos y sostiene a los agobiados.

Salmo 145:14

Él fortalece al cansado y acrecienta las fuerzas del débil. Aun los jóvenes se cansan, se fatigan, y los muchachos tropiezan y caen; pero los que confían en el SEÑOR renovarán sus fuerzas; volarán como las águilas: correrán y no se fatigarán, caminarán y no cansarán.

Isaías 40:29-31

Porque yo soy el SEÑOR, tu Dios, que sostiene tu mano derecha; yo soy quien te dice: «No temas, yo te ayudaré.»

Isaías 41:13

Cuando cruces las aguas, yo estaré contigo; cuando cruces los ríos, no te cubrirán sus aguas; cuando camines por el fuego, no te quemarás ni te abrasarán las llamas.

Isaías 43:2

El SEÑOR nos ha rechazado, pero no será para siempre. Nos hace sufrir, pero también nos compadece, porque es muy grande su amor.

Lamentaciones 3:31-32

Vengan a mí todos ustedes que están cansados y agobiados, y yo les daré descanso. Carguen con mi yugo y aprendan de mí, pues yo soy apacible y humilde de corazón, y encontrarán descanso para su alma.

Mateo 11:28-29

No se angustien. Confíen en Dios, y confíen también en mí.

Juan 14:1

Palabras de vida para
LA DEPRESIÓN

Daré de beber a los sedientos y saciaré a los que estén agotados.

Jeremías 31:25

La paz les dejo; mi paz les doy. Yo no se la doy a ustedes como la da el mundo. No se angustien ni se acobarden.

Juan 14:27

Yo les he dicho estas cosas para que en mí hallen paz. En este mundo afrontarán aflicciones, pero ¡anímense! Yo he vencido al mundo.

Juan 16:33

LA DEPRESIÓN

Heme aquí. Una lluviosa mañana de la semana. El desaliento es contagioso. Sé que la lluvia es buena para los campesinos y las plantas. Pero no soy una campesina y, al contrario de las plantas, la lluvia enfría mi espíritu, no mis raíces.

¿Cómo cobrar ánimo alguno en días como hoy? Días de un espíritu abatido, un corazón agobiado y responsabilidades abrumadoras. Me pregunto, ¿qué beneficio se puede encontrar en los días de lluvia, el cielo lóbrego y el estado melancólico?

Sin hacer ruido, me viene una respuesta: tranquilidad. Tranquila porque no estoy sola en esto. Comienzo en el lugar adecuado. Tengo un devocional para buscar la presencia de Dios. Solo él puede dar orden a mi confusión, ánimo a mi mundo de fatigoso trabajo y entusiasmo a mi pobre corazón.

Así que Dios mío, esto es para ti. Pongo en tus manos este día y todos los que me esperan. La lluvia. La fatiga. Las responsabilidades. La parte de mi ser que siente las exigencias más allá de mis límites. Te ofrezco este día sabiendo que tus límites son infinitos y tu amor es interminable.

Debra Klingsporn

Tú eres mi refugio; tú me protegerás del peligro y me rodearás con cánticos de liberación.

Salmo 32:7

Dichosos los que lloran, porque serán consolados.

Mateo 5:4

Algunos llegamos hasta los setenta años, quizás alcancemos hasta los ochenta, si las fuerzas nos acompañan.

Salmo 9:10

Dichosos ustedes que ahora pasan hambre, porque serán saciados. Dichosos ustedes que ahora lloran, porque luego habrán de reír.

Lucas 6:21

Pero el Señor cuida de los que le temen, de los que esperan en su gran amor.

Salmo 33:18

Cuando te vengan buenos tiempos, disfrútalos; pero cuando te lleguen los malos, piensa que unos y otros son obra de Dios, y que el hombre nunca sabe con qué habrá de encontrarse después.

Eclesiastés 7:14

Confía siempre en él, pueblo mío; ábrele tu corazón cuando estés ante él. ¡Dios es nuestro refugio!

Salmo 62:8

LA DESILUSIÓN

Decimos que nunca crecemos ni enveje-cemos, que no confiamos en alguien que tenga más de treinta años. Y ahora algunos hace mucho que pasamos esa tierna edad.

Para esta generación, más que ninguna otra en el siglo veinte, los veinticinco años entre la juventud y la mediana edad los marcan las esperanzas frustradas. Descubrimos que muchos de nuestros sueños son inalcanzables. Crecer tiene menos que ver con realizar los sueños que ajustarlos a la realidad. Ahora nos abrimos paso a través del tiempo, andamos a tientas, apren-diendo, heridos, luchando, fracasando y a veces logrando el éxito.

Tal vez los sueños frustrados sean nuestras mejores oportunidades para trasladar la espe-ranza a su debido lugar. Al cielo le pertenecen nuestros mayores sueños. Darnos cuenta de esto nos ayuda en el aquí y ahora sin colocar en el presente una carga que nunca se hizo para soportar. Esto sí es esperanza, esperanza realista, que aún nos puede servir para sostenernos durante el resto de la jornada.

Paula Rinehart

Palabras de vida para
EL DISCIPULADO

El que quiere a su padre o a su madre más que a mí no es digno de mí; el que quiere a su hijo o a su hija más que a mí no es digno de mí; y el que no toma su cruz y me sigue no es digno de mí. El que encuentre su vida, la perderá, y el que la pierda por mi causa, la encontrará.

Mateo 10:37-39

De la misma manera, cualquiera de ustedes que no renuncie a todos sus bienes, no puede ser mi discípulo.

Lucas 14:33

¿Quién, SEÑOR, puede habitar en tu santuario? ¿Quién puede vivir en tu santo monte? Sólo el de conducta intachable, que practica la justicia y de corazón dice la verdad.

Salmo 15:1-2

He sido crucificado con Cristo, y ya no vivo yo sino que Cristo vive en mí. Lo que ahora vivo en el cuerpo, lo vivo por la fe en el Hijo de Dios, quien me amó y dio su vida por mí.

Gálatas 2:20

Por tanto, también nosotros, que estamos rodeados de una multitud tan grande de testigos, despojémonos del lastre que nos estorba, en especial del pecado que nos asedia, y corramos con perseverancia la carrera que tenemos por delante. Fijemos la mirada en Jesús, el iniciador y perfeccionador de nuestra fe, quien por el gozo que le esperaba, soportó la cruz, menospreciando la vergüenza que ella significaba, y ahora está sentado a la derecha del trono de Dios. Así, pues, consideren a aquel que perseveró frente a tanta oposición por parte de los pecadores, para que no se cansen ni pierdan el ánimo.

Hebreos 12:1-3

Obedece mis decretos y cumple fielmente mis leyes. Tal persona es justa, y ciertamente vivirá. Lo afirma el SEÑOR omnipotente.

Ezequiel 18:9

¡Ya se te ha declarado lo que es bueno! Ya se te ha dicho lo que de ti espera el SEÑOR: Practicar la justicia, amar la misericordia, y humillarte ante tu Dios.

Miqueas 6:8

De este modo todos sabrán que son mis discípulos, si se aman los unos a los otros.

Juan 13:35

El que me aborrece a mí, también aborrece a mi Padre.

Juan 14:23

Permanezcan en mí, y yo permaneceré en ustedes. Así como ninguna rama puede dar fruto por sí misma, sino que tiene que permanecer en la vid, así tampoco ustedes pueden dar fruto si no permanecen en mí. Yo soy la vid y ustedes son las ramas. El que permanece en mí, como yo en él, dará mucho fruto; separados de mí no pueden ustedes hacer nada.

Juan 15:4-5

Los que viven conforme a la naturaleza pecaminosa fijan la mente en los deseos de tal naturaleza; en cambio, los que viven conforme al Espíritu fijan la mente en los deseos del Espíritu.

Romanos 8:5

Palabras de vida para
EL DISCIPULADO

El que siembra para agradar a su naturaleza pecaminosa, de esa misma naturaleza cosechará destrucción; el que siembra para agradar al Espíritu, del Espíritu cosechará vida eterna. No nos cansemos de hacer el bien, porque a su debido tiempo cosecharemos si no nos damos por vencidos.

Gálatas 6:8-9

Hermanos, no pienso que yo mismo lo haya logrado ya. Más bien, una cosa hago: olvidando lo que queda atrás y esforzándome por alcanzar lo que está delante, sigo avanzando hacia la meta para ganar el premio que Dios ofrece mediante su llamamiento celestial en Cristo Jesús.

Filipenses 3:13-14

En verdad, Dios ha manifestado a toda la humanidad su gracia, la cual trae salvación y nos enseña a rechazar la impiedad y las pasiones mundanas. Así podremos vivir en este mundo con justicia, piedad y dominio propio.

Tito 2:11-12

La religión pura y sin mancha delante de Dios nuestro Padre es esta: atender a los huérfanos y a las viudas en sus aflicciones, y conservarse limpio de la corrupción del mundo.

Santiago 1:27

El Discipulado

Jesús nos invita a ser sus discípulos. Si decidimos aceptar su amorosa invitación, debemos comprender que hay ciertas condiciones que cumplir.

Una de ellas es la buena disposición de aceptar la cruz. ¿Significa esto que de una vez por todas llevaremos una carga en particular? No lo creo. Me parece que mi «cruz» es cada ocasión que me dan de «morir»; es decir, dejar de hacer mi voluntad siempre que interfiera con la de Cristo.

Esto nunca es fácil para mí. ¿Debo excusarme (soy así; es mi personalidad; así me criaron; estoy cansada; no puedo aguantar; tú no entiendes) o debo cargar esta cruz?

Cuando Jesús cargó su cruz, con todo su ser dijo sí a la voluntad del Padre. Si no quiero decir sí ni siquiera a lo más insignificante, ¿cómo aceptaría algo más doloroso?

Sin embargo, aún nos llega el llamado: Toma tu cruz y sígueme. ¿Contigo, Señor? Sí, conmigo. ¿Me darás las fuerzas y me mostrarás el camino? Esa fue mi promesa, ¿acaso no es mi costumbre cumplirlas.

Elisabeth Elliot

Palabras de vida para
EL ÁNIMO

Que nuestro Señor Jesucristo mismo y Dios nuestro Padre, que
nos amó y por su gracia nos dio consuelo eterno y una buena
esperanza, los anime y les fortalezca el corazón, para que tanto
en palabra como en obra hagan todo lo que sea bueno.

2 Tesalonicenses 2:16-17

Pero tú, SEÑOR, eres Dios clemente y compasivo, lento para la
ira, y grande en amor y verdad.

Salmo 86:15

Pero algo más me viene a la memoria, lo cual me llena de esperanza: El gran amor del SEÑOR nunca se acaba, y su compasión
jamás se agota. Cada mañana se renuevan sus bondades; ¡muy
grande es su fidelidad!

Lamentaciones 3:21-23

Necio es el que confía en sí mismo; el que actúa con sabiduría
pone a salvo.

Proverbios 28:26

Fiel es Dios, quien los ha llamado a tener comunión con su Hijo
Jesucristo, nuestro Señor.

1 Corintios 1:9

Bueno es el SEÑOR con quienes en él confían, con todos los que
lo buscan.

Lamentaciones 3:25

La angustia abate el corazón del hombre, pero una palabra
amable lo alegra.

Proverbios 12:25

EL ÁNIMO

Durante estas semanas pasadas son tantas las veces que he llegado a la casa a oír mensajes de ánimo dejados en mi contestador telefónico: «Pienso en ti»; «Te quiero». Un día tras otro, cuando la histeria y las emociones en carne viva eran mi constante compañía, encontré el increíble apoyo y preocupación de amigos cada vez que necesitaba a alguien.

El ánimo nunca llenó una goma pinchada. El ánimo nunca hace los pagos del auto, ni tampoco arregla una lavadora. Sin embargo, el ánimo que nos dan imparte la fuerza para hacer lo que creemos que no podemos hacer, soportar lo que creemos que no podemos soportar y probar lo que quizá no nos atrevemos a probar.

Ánimo. No parece ser mucho, pero lo es todo. Anima a alguien hoy. Serás parte de los recuerdos de ese alguien durante un largo, largo tiempo.

Sharon Mahoe

Y el testimonio es este: que Dios nos ha dado vida eterna, y esa vida está en su Hijo. El que tiene al Hijo, tiene la vida; el que no tiene al Hijo de Dios, no tiene la vida.

1 Juan 5:11-12

Ciertamente les aseguro que el que oye mi palabra y cree al que me envió, tiene vida eterna y no será juzgado, sino que ha pasado de la muerte a la vida.

Juan 5:24

Porque tanto amó Dios al mundo, que dio a su Hijo unigénito, para que todo el que cree en él no se pierda, sino que tenga vida eterna.

Juan 3:16

Ciertamente les aseguro que el que cree tiene vida eterna.

Juan 6:47

Yo soy el pan vivo que bajó del cielo. Si alguno come de este pan, vivirá para siempre. Este pan es mi carne, que daré para que el mundo viva.

Juan 6:51

Pero el que beba del agua que yo le daré, no volverá a tener sed jamás, sino que dentro de él esa agua se convertirá en un manantial del que brotará vida eterna.

Juan 4:14

Palabras de vida para
LA VIDA ETERNA

«Señor —contestó Simón Pedro—, ¿a quién iremos? Tú tienes palabras de vida eterna.»

Juan 6:68

La bondad y el amor me seguirán todos los días de mi vida; y en la casa del SEÑOR habitaré para siempre.

Salmo 23:6

Porque la paga del pecado es muerte, mientras que la dádiva de Dios es vida eterna en Cristo Jesús, nuestro Señor.

Romanos 6:23

Entonces Jesús le dijo: «Yo soy la resurrección y la vida. El que cree en mí vivirá, aunque muera; y todo el que vive y cree en mí no morirá jamás. ¿Crees esto?»

Juan 11:25-26

Mis ovejas oyen mi voz; yo las conozco y ellas me siguen. Yo les doy vida eterna, y nunca perecerán, ni nadie podrá arrebatármelas de la mano.

Juan 10:27-28

Sólo en Dios halla descanso mi alma; de él viene mi salvación. Sólo él es mi roca y mi salvación; él es mi protector. ¡Jamás habré de caer! … Sólo en Dios halla descanso mi alma; de él viene mi esperanza … Dios es mi salvación y mi gloria; es la roca que me fortalece; ¡mi refugio está en Dios!

Salmo 62:1-2,5,7

Palabras de vida para
LA VIDA ETERNA

Pero Dios me rescatará de las garras del sepulcro y con él me llevará.

Salmo 49:15

¡Alabado sea Dios, Padre de nuestro Señor Jesucristo! Por su gran misericordia, nos ha hecho nacer de nuevo mediante la resurrección de Jesucristo, para que tengamos una esperanza viva.

1 Pedro 1:3

Si confiesas con tu boca que Jesús es el Señor, y crees en tu corazón que Dios lo levantó de entre los muertos, serás salvo.

Romanos 10:9

Pero yo confío en tu gran amor; mi corazón se alegra en tu salvación. Canto salmos al SEÑOR. ¡El SEÑOR ha sido bueno conmigo!

Salmo 13:5-6

LA VIDA ETERNA

Oh Jesucristo, novio anhelado
Inmaculado Cordero de Dios.
¡Cuánto te alaba la creación entera!
Cuando los hombres y ángeles te bendicen,
Los atrios celestiales resuenan jubilosos
Con la antífona de la redención.
Y de tu trono grandioso
Emanan los destellos fulgurantes
De tu gloriosa Majestad.

¡Cómo se extasía el corazón
De los que han sido trasladados a tu gloria
Al contemplar al Cordero, sentado en su trono,
A la diestra del gran Yo soy!
¡Ellos jamás se cansarán
De mirar la hermosa faz del inmolado
Y de entonarle cánticos de loor!

¡Oh, cuánto anhela mi alma
Ver el cielo de Dios,
Aquel hogar
De todos los benditos
Y morada eterna
De los que han sido libertados!

El Padre, el Hijo y el Espíritu
Invitan a la Novia,
A aquel hermoso reino inmaculado
Donde el amor de todos se hace uno.

Basilea Schlink

La Fe

En consecuencia, ya que hemos sido justificados mediante la fe, tenemos paz con Dios por medio de nuestro Señor Jesucristo.

Romanos 5:1

Dios, que muchas veces y de varias maneras habló a nuestros antepasados en otras épocas por medio de los profetas.

Hebreos 11:1

Precisamente por eso, esfuércense por añadir a su fe, virtud; a su virtud, entendimiento; al entendimiento, dominio propio; al dominio propio, constancia; a la constancia, devoción a Dios; a la devoción a Dios, afecto fraternal; y al afecto fraternal, amor. Porque estas cualidades, si abundan en ustedes, les harán crecer en el conocimiento de nuestro Señor Jesucristo, y evitarán que sean inútiles e improductivos.

2 Pedro 1:5-8

Así que la fe viene como resultado de oír el mensaje, y el mensaje que se oye es la palabra de Cristo.

Romanos 10:17

Por la gracia que se me ha dado, les digo a todos ustedes: Nadie tenga un concepto de sí más alto que el que debe tener, sino más bien piense de sí mismo con moderación, según la medida de fe que Dios le haya dado.

Romanos 12:3

En estos días finales nos ha hablado por medio de su
Hijo. A este lo designó heredero de todo, y por medio de
él hizo el universo.

Hebreos 12:2

[Jesús contestó:] «Les aseguro que si tienen fe tan
pequeña como un grano de mostaza, podrán decirle a
esta montaña: "Trasládate de aquí para allá", y se trasla-
dará. Para ustedes nada será imposible.»

Mateo 17:20

«Tengan fe en Dios —respondió Jesús—. Les aseguro
que si alguno le dice a este monte: "Quítate de ahí y
tírate al mar", creyendo, sin abrigar la menor duda de
que lo que dice sucederá, lo obtendrá. Por eso les digo:
Crean que ya han recibido todo lo que estén pidiendo en
oración, y lo obtendrán.»

Marcos 11:22-24

Siempre que oramos por ustedes, damos gracias a Dios, el
Padre de nuestro Señor Jesucristo, pues hemos recibido
noticias de su fe en Cristo Jesús y del amor que tienen
por todos los santos a causa de la esperanza reservada
para ustedes en el cielo. De esta esperanza ya han sabido
por la palabra de verdad, que es el evangelio.

Colosenses 1:3-5

Palabras de vida para
LA FE

Vivimos por fe, no por vista.

2 Corintios 5:7

En realidad, sin fe es imposible agradar a Dios, ya que cualquiera que se acerca a Dios tiene que creer que él existe y que recompensa a quienes lo buscan.

Hebreos 11:6

El oro, aunque perecedero, se acrisola al fuego. Así también la fe de ustedes, que vale mucho más que el oro, al ser acrisolada por las pruebas demostrará que es digna de aprobación, gloria y honor cuando Jesucristo se revele. Ustedes lo aman a pesar de no haberlo visto; y aunque no lo ven ahora, creen en él y se alegran con un gozo indescriptible y glorioso, pues están obteniendo la meta de su fe, que es su salvación.

1 Pedro 1:7-9

Le pido que, por medio del Espíritu y con el poder que procede de sus gloriosas riquezas, los fortalezca a ustedes en lo íntimo de su ser, para que por fe Cristo habite en sus corazones. Y pido que, arraigados y cimentados en amor, puedan comprender, junto con todos los santos, cuán ancho y largo, alto y profundo es el amor de Cristo; en fin, que conozcan ese amor que sobrepasa nuestro conocimiento, para que sean llenos de la plenitud de Dios.

Efesios 3:16-19

LA FE

S in fe es imposible agradar a Dios. Sé por experiencia que tener esta clase de fe significa estar activa, no sentada lamentándome de la vida y esperando un cambio. Quiere decir amar, creer en nosotras mismas y usar el poder transformador del Espíritu Santo para salir adelante.

La verdad parece sencilla, pero vivirla no es tan simple. A medida que pasa el tiempo he visto la obra del Espíritu Santo en mi vida. He tenido tiempos financiero, físico, mental y espiritualmente difíciles, pero la fe en Dios comenzó una revolución en mi vida. Nuestro enemigo es el temor que nos ciega a la verdad, temor que nos amarga con enojo y miedo que nos deja sin poder.

Sin embargo, con una fe renovada nunca estamos solos. Reconocemos que en Cristo tenemos todo lo que necesitamos para vencer cualquier desafío que la vida nos presente. Quizá un sinnúmero de veces sentimos un temblor de tierra bajo nuestros pies o el peso de la vida que nos aplasta. Esto les pasa a la gente de hoy y a las personas en todo el mundo. Es una de las muchas maneras en la que el Espíritu Santo nos habla alentándonos a cambiar.

Deneese L. Jones

Palabras de vida para
Las Finanzas

El Señor es mi pastor, nada me falta.

Salmo 23:1

Inclina mi corazón hacia tus estatutos y no hacia las ganancias desmedidas.

Salmo 119:36

Nadie puede servir a dos señores, pues menospreciará a uno y amará al otro, o querrá mucho a uno y despreciará al otro. No se puede servir a la vez a Dios y a las riquezas.

Mateo 6:24

Como argolla de oro en hocico de cerdo es la mujer bella pero indiscreta.

Proverbios 11:28

Es cierto que con la verdadera religión se obtienen grandes ganancias, pero sólo si uno está satisfecho con lo que tiene. Porque nada trajimos a este mundo, y nada podemos llevarnos. Así que, si tenemos ropa y comida, contentémonos con eso. Los que quieren enriquecerse caen en la tentación y se vuelven esclavos de sus muchos deseos. Estos afanes insensatos y dañinos hunden a la gente en la ruina y en la destrucción. Porque el amor al dinero es la raíz de toda clase de males. Por codiciarlo, algunos se han desviado de la fe y se han causado muchísimos sinsabores.

1 Timoteo 6:6-10

Sé lo que es vivir en la pobreza, y lo que es vivir en la abundancia. He aprendido a vivir en todas y cada una de las circunstancias, tanto a quedar saciado como a pasar hambre, a tener de sobra como a sufrir escasez.

Filipenses 4:12

Jesús se sentó frente al lugar donde se depositaban las ofrendas, y estuvo observando cómo la gente echaba sus monedas en las alcancías del templo. Muchos ricos echaban grandes cantidades. Pero una viuda pobre llegó y echó dos moneditas de muy poco valor. Jesús llamó a sus discípulos y les dijo: «Les aseguro que esta viuda pobre ha echado en el tesoro más que todos los demás. Estos dieron de lo que les sobraba; pero ella, de su pobreza, echó todo lo que tenía, todo su sustento.»

Marcos 12:41-44

¿Acaso roba el hombre a Dios? ¡Ustedes me están robando! Y todavía preguntan: «¿En qué te robamos?» En los diezmos y en las ofrendas. Ustedes —la nación entera— están bajo gran maldición, pues es a mí a quien están robando. Traigan íntegro el diezmo para los fondos del templo, y así habrá alimento en mi casa. Pruébenme en esto —dice el SEÑOR Todopoderoso—, y vean si no abro las compuertas del cielo y derramo sobre ustedes bendición hasta que sobreabunde.

Malaquías 3:8-10

«¡Tengan cuidado! —advirtió [Jesús] a la gente—.
Absténganse de toda avaricia; la vida de una persona no
depende de la abundancia de sus bienes.»

Lucas 12:15

Den, y se les dará: se les echará en el regazo una medida
llena, apretada, sacudida y desbordante. Porque con la
medida que midan a otros, se les medirá a ustedes.

Lucas 6:38

No tengan deudas pendientes con nadie, a no ser la de
amarse unos a otros. De hecho, quien ama al prójimo ha
cumplido la ley.

Romanos 13:8

Así que no se preocupen diciendo: «¿Qué comeremos?»
o «¿Qué beberemos?» o «¿Con qué nos vestiremos?»
Porque los paganos andan tras todas estas cosas, y el
Padre celestial sabe que ustedes las necesitan. Más bien,
busquen primeramente el reino de Dios y su justicia, y
todas estas cosas les serán añadidas.

Mateo 6:31-33

Recita siempre el libro de la ley y medita en él de día y
de noche; cumple con cuidado todo lo que en él está
escrito. Así prosperarás y tendrás éxito.

Josué 1:8

Manténganse libres del amor al dinero, y conténtense con lo que tienen, porque Dios ha dicho: «Nunca te dejaré; jamás te abandonaré.»

Hebreos 13:5

Recuerda al SEÑOR tu Dios, porque es él quien te da el poder para producir esa riqueza; así ha confirmado hoy el pacto que bajo juramento hizo con tus antepasados.

Deuteronomio 8:18

Jesús lo miró con amor y añadió: «Una sola cosa te falta: anda, vende todo lo que tienes y dáselo a los pobres, y tendrás tesoro en el cielo. Luego ven y sígueme.» Al oír esto, el hombre se desanimó y se fue triste porque tenía muchas riquezas.

Marcos 10:21-22

Así que mi Dios les proveerá de todo lo que necesiten, conforme a las gloriosas riquezas que tiene en Cristo Jesús.

Filipenses 4:19

Y Dios puede hacer que toda gracia abunde para ustedes, de manera que siempre, en toda circunstancia, tengan todo lo necesario, y toda buena obra abunde en ustedes.

2 Corintios 9:8

Palabras de vida para
LAS FINANZAS

Más bien, acumulen para sí tesoros en el cielo, donde ni la polilla ni el óxido carcomen, ni los ladrones se meten a robar. Porque donde esté tu tesoro, allí estará también tu corazón.

Mateo 6:20-21

Si ellos le obedecen y le sirven, pasan el resto de su vida en prosperidad, pasan felices los años que les quedan.

Job 36:11

Devocional sobre
LAS FINANZAS

El Nuevo Testamento está lleno de advertencias sobre un dios muy cercano al hogar, sobre todo al de los creyentes actuales: «No podéis servir a Dios y a las riquezas» (Lucas 16:13).

Tratar de hacerlo es nuestra ruina. A menudo, lo que solemos considerar como prudencia financiera es igual a lo que los creyentes del Antiguo Testamento calificaron como tal: jugar con ambos bandos. Servir a Dios y al dinero. Como esos israelitas, encontramos personas a nuestro alrededor que sirven al dinero. Nuestra cultura está saturada de esto.

¿Cómo sabemos cuándo le damos más importancia a «las ganancias» que al Dios vivo? Cuando libremente sacrificamos nuestro tiempo y energías al altar de la ganancia material. Cuando comenzamos a sentirnos confiados debido a la póliza de seguro, fondos mutuos y el nivel de entradas... y no porque las manos de Dios nos sostienen. Si llegamos a ese punto, ya perdimos el contacto con el gran poder del Dios vivo.

Los israelitas le dieron las espaldas a Dios por un montón de trozos de madera tallada. ¿Eres una creyente del Nuevo Testamento que le da las espaldas, por una serie de «buenas» razones, al Dios vivo?

Edith Bajema

Palabras de vida para
El Perdón

En él tenemos la redención mediante su sangre, el perdón de nuestros pecados, conforme a las riquezas de la gracia.

Efesios 1:7

Perdonaste la iniquidad de tu pueblo y cubriste todos sus pecados.

Salmo 85:2

Tú, SEÑOR, eres bueno y perdonador; grande es tu amor por todos los que te invocan.

Salmo 86:5

Tan lejos de nosotros echó nuestras transgresiones como lejos del oriente está el occidente.

Salmo 103:12

Mis queridos hijos, les escribo estas cosas para que no pequen. Pero si alguno peca, tenemos ante el Padre a un intercesor, a Jesucristo, el Justo.

1 Juan 2:1

Si confesamos nuestros pecados, Dios, que es fiel y justo, nos los perdonará y nos limpiará de toda maldad.

1 Juan 1:9

«Yo les perdonaré sus iniquidades, y nunca más me acordaré de sus pecados.»

Hebreos 8:12

Que abandone el malvado su camino, y el perverso sus pensamientos. Que se vuelva al SEÑOR, a nuestro Dios, que es generoso para perdonar, y de él recibirá misericordia.

Isaías 55:7

De modo que se toleren unos a otros y se perdonen si alguno tiene queja contra otro. Así como el Señor los perdonó, perdonen también ustedes.

Colosenses 3:13

Y cuando estén orando, si tienen algo contra alguien, perdónenlo, para que también su Padre que está en el cielo les perdone a ustedes sus pecados.

Marcos 11:25

Los purificaré de todas las iniquidades que cometieron contra mí; les perdonaré todos los pecados con que se rebelaron contra mí.

Jeremías 33:8

«Vengan, pongamos las cosas en claro —dice el SEÑOR—. ¿Son sus pecados como escarlata? ¡Quedarán blancos como la nieve! ¿Son rojos como la púrpura? ¡Quedarán como la lana!

Isaías 1:18

Más bien, sean bondadosos y compasivos unos con otros, y perdónense mutuamente, así como Dios los perdonó a ustedes en Cristo.

Efesios 4:32

Yo soy el que por amor a mí mismo borra tus transgresiones y no se acuerda más de tus pecados.

Isaías 43:25

Dichoso aquel a quien se le perdonan sus transgresiones, a quien se le borran sus pecados. Dichoso aquel a quien el SEÑOR no toma en cuenta su maldad y en cuyo espíritu no hay engaño.

Salmo 32:1-2

Palabras de vida para
EL PERDÓN

Les aseguro que todos los pecados y blasfemias se les perdonarán a todos por igual.

Marcos 3:28

En otro tiempo ustedes, por su actitud y sus malas acciones, estaban alejados de Dios y eran sus enemigos. Pero ahora Dios, a fin de presentarlos santos, intachables e irreprochables delante de él, los ha reconciliado en el cuerpo mortal de Cristo mediante su muerte.

Colosenses 1:21-22

Dale a todo el que te pida, y si alguien se lleva lo que es tuyo, no se lo reclames. Traten a los demás tal y como quieren que ellos los traten a ustedes.

Lucas 6:30-31

¡Dichosos aquellos a quienes se les perdonan las transgresiones y se les cubren los pecados!

Romanos 4:7

Si mi pueblo, que lleva mi nombre, se humilla y ora, y me busca y abandona su mala conducta, yo lo escucharé desde el cielo, perdonaré su pecado y restauraré su tierra.

2 Crónicas 7:14

Una y otra vez nuestra naturaleza humana quiere «darle una lección a la gente» o hacerle más daño del que ya nos hicieron. Vemos la venganza como una vía de desquite o restauración. Sin embargo, nunca da resultados.

La solución que Jesús ofrece es radical. No considera la venganza y mucho menos la restitución. Con toda sencillez sugiere que seamos los amortiguadores de este mundo.

Recibir un golpe y negarnos a devolverlo es un acto que requiere una generosidad extraordinaria. Para la mayoría de las personas no viene de forma natural. Somos muy duros y resistentes para ser capaz de absorber el efecto de una herida antes de pasársela al prójimo. Debemos ser personas más comedidas, amables, amorosas, recibiendo un golpe, pero incapaces por la naturaleza de nuestras vidas de transmitir su fuerza.

El amor y el perdón son las vocaciones especiales del cristiano y, cuando los practicamos, podemos encontrar la cura de nuestras heridas y ofrecer un bálsamo para la sanidad de otros.

Marcia Hollis

En todo tiempo ama el amigo; para ayudar en la adversidad
nació el hermano.

Proverbios 17:17

Ya no los llamo siervos, porque el siervo no está al tanto de lo
que hace su amo; los he llamado amigos, porque todo lo que a
mi Padre le oí decir se lo he dado a conocer a ustedes.

Juan 15:15

Hay amigos que llevan a la ruina, y hay amigos más fieles
que un hermano.

Proverbios 18:24

Más confiable es el amigo que hiere que el enemigo que besa.

Proverbios 27:6

Nadie tiene amor más grande que el dar la vida por sus
amigos. Ustedes son mis amigos si hacen lo que yo les mando.

Juan 15:13-14

El perfume y el incienso alegran el corazón; la dulzura de la
amistad fortalece el ánimo.

Proverbios 27:9

Más valen dos que uno, porque obtienen más fruto de su
esfuerzo. Si caen, el uno levanta al otro. ¡Ay del que cae y no
tiene quien lo levante!

Eclesiastés 4:9-10

La Amistad

Cuando pienso en la amistad, me pregunto qué cambios haría en mi vida si pudiera vivirla de nuevo.

¿Invitaría más amigos a comer aunque solo fuera una hamburguesa frita o espaguetis con queso? ¿Me sentaría más a menudo en el portal a conversar con los vecinos mientras vemos a nuestros hijos jugar?

¿Lloraría con ellos más a menudo cuando la ocasión lo requiera y me reiría más con ellos llegado el momento? ¿Hubiera dicho: «Perdóname», más a menudo?

Quisiera parecerme más a este tipo de amigo que aparece en este acróstico:

A: Amoroso; afable; auténtico
M: Misericordioso; modesto; moderado
I: Interesado en el bienestar de otros; insobornable
S: Simpático; sincero; sensato; sencillo
T: Tratable; transigente; tolerante; tranquilizador
A: Alegre, agradable; amable; altruista
D: Diplomático; digno de confianza; desprendido

Si me dieran otra oportunidad para vivir y tener amistades, aprovecharía cada minuto de ella... y la viviría para Jesús.

Doris W. Greig

Palabras de vida para
LA FRUSTRACIÓN

«Clama a mí y te responderé, y te daré a conocer cosas grandes y ocultas que tú no sabes», dice el SEÑOR.

Jeremías 33:3

«Porque mis pensamientos no son los de ustedes, ni sus caminos son los míos —afirma el SEÑOR—. Mis caminos y mis pensamientos son más altos que los de ustedes; ¡más altos que los cielos sobre la tierra!»

Isaías 55:8-9

¿Qué diremos frente a esto? Si Dios está de nuestra parte, ¿quién puede estar en contra nuestra? El que no escatimó ni a su propio Hijo, sino que lo entregó por todos nosotros, ¿cómo no habrá de darnos generosamente, junto con él, todas las cosas?

Romanos 8:31-32

Ustedes no han sufrido ninguna tentación que no sea común al género humano. Pero Dios es fiel, y no permitirá que ustedes sean tentados más allá de lo que puedan aguantar. Más bien, cuando llegue la tentación, él les dará también una salida a fin de que puedan resistir.

1 Corintios 10:13

Muchas son las angustias del justo, pero el SEÑOR lo librará de todas ellas.

Salmo 34:19

Mantengamos firme la esperanza que profesamos, porque fiel es el que hizo la promesa.

Hebreos 10:23

LA FRUSTRACIÓN

Conozcamos al SEÑOR; vayamos tras su conocimiento.
Tan cierto como que sale el sol, él habrá de manifestarse;
vendrá a nosotros como la lluvia de invierno, como la
lluvia de primavera que riega la tierra.

Oseas 6:3

Ahora bien, sabemos que Dios dispone todas las cosas
para el bien de quienes lo aman, los que han sido
llamados de acuerdo con su propósito.

Romanos 8:28

Así que no temas, porque yo estoy contigo; no te angusties, porque yo soy tu Dios. Te fortaleceré y te ayudaré; te
sostendré con mi diestra victoriosa.

Isaías 41:10

Haré con ellos un pacto eterno: Nunca dejaré de estar
con ellos para mostrarles mi favor; pondré mi temor en
sus corazones, y así no se apartarán de mí.

Jeremías 32:40

Aunque pase yo por grandes angustias, tú me darás vida;
contra el furor de mis enemigos extenderás la mano: ¡tu
mano derecha me pondrá a salvo! El SEÑOR cumplirá en
mí su propósito. Tu gran amor, SEÑOR, perdura para
siempre; ¡no abandones la obra de tus manos!

Salmo 138:7-8

Palabras de vida para
LA FRUSTRACIÓN

Encomienda al SEÑOR tus afanes, y él te sostendrá; no permitirá que el justo caiga y quede abatido para siempre.

Salmo 55:22

Por tanto, también nosotros, que estamos rodeados de una multitud tan grande de testigos, despojémonos del lastre que nos estorba, en especial del pecado que nos asedia, y corramos con perseverancia la carrera que tenemos por delante. Fijemos la mirada en Jesús, el iniciador y perfeccionador de nuestra fe, quien por el gozo que le esperaba, soportó la cruz, menospreciando la vergüenza que ella significaba, y ahora está sentado a la derecha del trono de Dios. Así, pues, consideren a aquel que perseveró frente a tanta oposición por parte de los pecadores, para que no se cansen ni pierdan el ánimo.

Hebreos 12:1-3

A cada uno le parece correcto su proceder, pero el SEÑOR juzga los corazones. Practicar la justicia y el derecho lo prefiere el SEÑOR a los sacrificios.

Proverbios 21:2-3

Él enaltece a los humildes y da seguridad a los enlutados. Él deshace las maquinaciones de los astutos, para que no prospere la obra de sus manos.

Job 5:11-12

¡Sé fuerte y valiente! ¡No tengas miedo ni te desanimes! Porque el SEÑOR tu Dios te acompañará dondequiera que vayas.

Josué 1:9

LA FRUSTRACIÓN

Solo hay una manera de comerse un elefante: de mordida en mordida. Quizá ya lo sabías. Yo no, hasta que Beverly Johnson lo proclamó al mundo después de ser la primera mujer que llegara sola a la cumbre de mil cien metros de altura de El Capitán en el Yosemite National Park, de California.

«Eso es lo que me repetía sin cesar: "De mordida en mordida, de mordida en mordida..."», dijo la sonriente Beverly refiriéndose a los diez días que pasó luchando con la gigantesca masa de granito que sin interrupción se levanta del Valle Yosemite.

Con la fórmula de Beverly todos podemos «comer elefantes», ¿no es cierto? No importa si son todas las cosas que debemos cumplir, un examen que debemos pasar, una condición física con la que tenemos que vivir, un corazón roto que necesita cura. El razonamiento de Beverly da resultados.

¿A menudo no has deseado, como ella, salir de tus problemas con alguna magia? La mayoría sentimos eso mismo, pero el mundo no se detiene para dejarnos salir. Cavamos con el equipo que tenemos; subimos despacito; y, recuerda esto: ¡Tenemos la Roca sólida sobre la cual apoyarnos! Dios siempre está allí.

June Masters Bacher

Palabras de vida para
LA GRACIA

Por lo tanto, ya no hay ninguna condenación para los que están unidos a Cristo Jesús.

Romanos 8:1

No nos trata conforme a nuestros pecados ni nos paga según nuestras maldades. Tan grande es su amor por los que le temen como alto es el cielo sobre la tierra. Tan lejos de nosotros echó nuestras transgresiones como lejos del oriente está el occidente.

Salmo 103:10-12

Dios no envió a su Hijo al mundo para condenar al mundo, sino para salvarlo por medio de él. El que cree en él no es condenado, pero el que no cree ya está condenado por no haber creído en el nombre del Hijo unigénito de Dios.

Juan 3:17-18

Por lo tanto, si alguno está en Cristo, es una nueva creación. ¡Lo viejo ha pasado, ha llegado ya lo nuevo!

2 Corintios 5:17

Ciertamente les aseguro que el que oye mi palabra y cree al que me envió, tiene vida eterna y no será juzgado, sino que ha pasado de la muerte a la vida.

Juan 5:24

Yo les perdonaré sus iniquidades, y nunca más me acordaré de sus pecados.

Hebreos 8:12

Yo soy el que por amor a mí mismo borra tus transgresiones y no se acuerda más de tus pecados.

Isaías 43:25

Que abandone el malvado su camino, y el perverso sus pensamientos. Que se vuelva al SEÑOR, a nuestro Dios, que es generoso para perdonar, y de él recibirá misericordia.

Isaías 55:7

Pero te confesé mi pecado, y no te oculté mi maldad. Me dije: «Voy a confesar mis transgresiones al SEÑOR», y tú perdonaste mi maldad y mi pecado.

Salmo 32:5

Dichoso aquel a quien se le perdonan sus transgresiones, a quien se le borran sus pecados.

Salmo 32:1

Si confesamos nuestros pecados, Dios, que es fiel y justo, nos los perdonará y nos limpiará de toda maldad.

1 Juan 1:9

Antes de recibir esa circuncisión, ustedes estaban muertos en sus pecados. Sin embargo, Dios nos dio vida en unión con Cristo, al perdonarnos todos los pecados y anular la deuda que teníamos pendiente por los requisitos de la ley. Él anuló esa deuda que nos era adversa, clavándola en la cruz.

Colosenses 2:13-14

Palabras de vida para
LA GRACIA

Se negaron a escucharte; no se acordaron de las maravillas que hiciste por ellos. Fue tanta su terquedad y rebeldía que hasta se nombraron un jefe para que los hiciera volver a la esclavitud de Egipto. Pero tú no los abandonaste porque eres Dios perdonador, clemente y compasivo, lento para la ira y grande en amor.

Nehemías 9:17

Si se vuelven al SEÑOR, sus hermanos y sus hijos serán tratados con benevolencia por aquellos que los tienen cautivos, y podrán regresar a esta tierra. El SEÑOR su Dios es compasivo y misericordioso. Si ustedes se vuelven a él, jamás los abandonará.

2 Crónicas 30:9

Acerquémonos, pues, a Dios con corazón sincero y con la plena seguridad que da la fe, interiormente purificados de una conciencia culpable y exteriormente lavados con agua pura. Mantengamos firme la esperanza que profesamos, porque fiel es el que hizo la promesa.

Hebreos 10:22-23

Porque la paga del pecado es muerte, mientras que la dádiva de Dios es vida eterna en Cristo Jesús, nuestro Señor.

Romanos 6:23

Por tanto, hermanos, sepan que por medio de Jesús se les anuncia a ustedes el perdón de los pecados. Ustedes no pudieron ser justificados de esos pecados por la ley de Moisés, pero todo el que cree es justificado por medio de Jesús.

Hechos 13:38-39

LA GRACIA

Pero Dios, que es rico en misericordia, por su gran amor por nosotros, nos dio vida con Cristo, aun cuando estábamos muertos en pecados. ¡Por gracia ustedes han sido salvados! Y en unión con Cristo Jesús, Dios nos resucitó y nos hizo sentar con él en las regiones celestiales, para mostrar en los tiempos venideros la incomparable riqueza de su gracia, que por su bondad derramó sobre nosotros en Cristo Jesús. Porque por gracia ustedes han sido salvados mediante la fe; esto no procede de ustedes, sino que es el regalo de Dios, no por obras, para que nadie se jacte.

Efesios 2:4-9

El SEÑOR se burla de los burlones, pero muestra su favor a los humildes.

Proverbios 3:34

De su plenitud todos hemos recibido gracia sobre gracia, pues la ley fue dada por medio de Moisés, mientras que la gracia y la verdad nos han llegado por medio de Jesucristo. A Dios nadie lo ha visto nunca; el Hijo unigénito, que es Dios y que vive en unión íntima con el Padre, nos lo ha dado a conocer.

Juan 1:16-18

Pues todos han pecado y están privados de la gloria de Dios, pero por su gracia son justificados gratuitamente mediante la redención que Cristo Jesús efectuó.

Romanos 3:23-24

Palabras de vida para

LA GRACIA

Y Dios puede hacer que toda gracia abunde para ustedes, de manera que siempre, en toda circunstancia, tengan todo lo necesario, y toda buena obra abunde en ustedes.

2 Corintios 9:8

Te basta con mi gracia, pues mi poder se perfecciona en la debilidad.

2 Corintios 12:9

Porque por gracia ustedes han sido salvados mediante la fe; esto no procede de ustedes, sino que es el regalo de Dios, no por obras, para que nadie se jacte.

Efesios 2:8-9

«Culpable», grita la multitud y recogen piedras para tirarle. La mujer no tiene quién la defienda. La encontraron en el acto, a rastras la sacan desnuda del cuarto, con un manto tirado sobre los hombros para protegerse del frío. Sin embargo, esto no puede ocultar su pecado. Imagínate que eres esta mujer, humillada y aterrorizada.

Estás tirada ahí frente a los vecinos, personas del pueblo, gente que conoces. Te sientes muy avergonzada. Quieres correr y esconderte… pero, ¿adónde puedes ir?

Hasta tu corazón te condena. «¡Culpable!» Un dolor agonizante penetra hasta la médula de lo que eres. Te hundes abrumada por olas de tristeza y vergüenza.

Entonces Jesús, con su voz firme y segura, habla con la turba. Todos callan. Se guarda un largo silencio. Ahora son ellos los que esconden la cabeza. ¡Pum! Cae una piedra al suelo. ¡Pum! Otra… y otra. Uno por uno se pierden los que te acusan.

Te quedas sola con Jesús. Tranquilamente él se acerca a ti. Sonríe y te ayuda a parar. «Vete», dice, «y no peques más» (Juan 8:11).

Betsy Lee

Palabras de vida para
El Luto y La Muerte

Y del polvo de la tierra se levantarán las multitudes de los que duermen, algunos de ellos para vivir por siempre, pero otros para quedar en la vergüenza y en la confusión perpetuas. Los sabios resplandecerán con el brillo de la bóveda celeste; los que instruyen a las multitudes en el camino de la justicia brillarán como las estrellas por toda la eternidad.

Daniel 12:2-3

Si la esperanza que tenemos en Cristo fuera sólo para esta vida, seríamos los más desdichados de todos los mortales. Lo cierto es que Cristo ha sido levantado de entre los muertos, como primicias de los que murieron. De hecho, ya que la muerte vino por medio de un hombre, también por medio de un hombre viene la resurrección de los muertos. Pues así como en Adán todos mueren, también en Cristo todos volverán a vivir.

1 Corintios 15:19-22

Fíjense bien en el misterio que les voy a revelar: No todos moriremos, pero todos seremos transformados, en un instante, en un abrir y cerrar de ojos, al toque final de la trompeta. Pues sonará la trompeta y los muertos resucitarán con un cuerpo incorruptible, y nosotros seremos transformados. Porque lo corruptible tiene que revestirse de lo incorruptible, y lo mortal, de inmortalidad. Cuando lo corruptible se revista de lo incorruptible, y lo mortal, de inmortalidad, entonces se cumplirá lo que está escrito: «La muerte ha sido devorada por la victoria.» «¿Dónde está, oh muerte, tu victoria? ¿Dónde está, oh muerte, tu aguijón?»

1 Corintios 15:51-55

EL LUTO Y LA MUERTE

¿Acaso no creemos que Jesús murió y resucitó? Así
también Dios resucitará con Jesús a los que han muerto en
unión con él. Conforme a lo dicho por el Señor, afir-
mamos que nosotros, los que estemos vivos y hayamos
quedado hasta la venida del Señor, de ninguna manera
nos adelantaremos a los que hayan muerto. El Señor
mismo descenderá del cielo con voz de mando, con voz de
arcángel y con trompeta de Dios, y los muertos en Cristo
resucitarán primero. Luego los que estemos vivos, los que
hayamos quedado, seremos arrebatados junto con ellos en
las nubes para encontrarnos con el Señor en el aire. Y así
estaremos con el Señor para siempre. Por lo tanto,
anímense unos a otros con estas palabras.

1 Tesalonicenses 4:14-18

Oí una potente voz que provenía del trono y decía:
«¡Aquí, entre los seres humanos, está la morada de Dios!
Él acampará en medio de ellos, y ellos serán su pueblo;
Dios mismo estará con ellos y será su Dios. Él les enjugará
toda lágrima de los ojos. Ya no habrá muerte, ni llanto, ni
lamento ni dolor, porque las primeras cosas han dejado de
existir.»

Apocalipsis 21:3-4

Aun si voy por valles tenebrosos, no temo peligro alguno
porque tú estás a mi lado; tu vara de pastor me reconforta.

Salmo 23:4

EL LUTO Y LA MUERTE

En tus manos encomiendo mi espíritu; líbrame, SEÑOR,
Dios de la verdad.

Salmo 31:5

Me guías con tu consejo, y más tarde me acogerás en
gloria. ¿A quién tengo en el cielo sino a ti? Si estoy
contigo, ya nada quiero en la tierra. Podrán desfallecer
mi cuerpo y mi espíritu, pero Dios fortalece mi corazón;
él es mi herencia eterna.

Salmo 73:24-26

Mucho valor tiene a los ojos del SEÑOR la muerte de sus
fieles.

Salmo 116:15

Los que van por el camino recto mueren en paz; hallan
reposo en su lecho de muerte.

Isaías 57:2

«Te aseguro que hoy estarás conmigo en el paraíso», le
contestó Jesús.

Lucas 23:43

Porque ninguno de nosotros vive para sí mismo, ni
tampoco muere para sí. Si vivimos, para el Señor
vivimos; y si morimos, para el Señor morimos. Así pues,
sea que vivamos o que muramos, del Señor somos.

Romanos 14:7-8

Sabemos que si esta tienda de campaña en que vivimos se deshace, tenemos de Dios un edificio, una casa eterna en el cielo, no construida por manos humanas.

2 Corintios 5:1

Así que nos mantenemos confiados, y preferiríamos ausentarnos de este cuerpo y vivir junto al Señor.

2 Corintios 5:8

Porque para mí el vivir es Cristo y el morir es ganancia.

Filipenses 1:21

Él murió por nosotros para que, en la vida o en la muerte, vivamos junto con él.

1 Tesalonicenses 5:10

Por lo demás me espera la corona de justicia que el Señor, el juez justo, me otorgará en aquel día; y no sólo a mí, sino también a todos los que con amor hayan esperado su venida.

2 Timoteo 4:8

Por tanto, ya que ellos son de carne y hueso, él también compartió esa naturaleza humana para anular, mediante la muerte, al que tiene el dominio de la muerte —es decir, al diablo—, y librar a todos los que por temor a la muerte estaban sometidos a esclavitud durante toda la vida.

Hebreos 2:14-15

El Luto y La Muerte

Entonces oí una voz del cielo, que decía: «Escribe:
Dichosos los que de ahora en adelante mueren en el
Señor.» «Sí —dice el Espíritu—, ellos descansarán de sus
fatigosas tareas, pues sus obras los acompañan.»

Apocalipsis 14:13

Dichosos los que lloran, porque serán consolados.

Mateo 5:4

Si Cristo está en ustedes, el cuerpo está muerto a causa
del pecado, pero el Espíritu que está en ustedes es vida a
causa de la justicia. Y si el Espíritu de aquel que levantó
a Jesús de entre los muertos vive en ustedes, el mismo
que levantó a Cristo de entre los muertos también dará
vida a sus cuerpos mortales por medio de su Espíritu, que
vive en ustedes.

Romanos 8:10-11

Lo hizo así para que, mediante la promesa y el juramento, que son dos realidades inmutables en las cuales es
imposible que Dios mienta, tengamos un estímulo poderoso los que, buscando refugio, nos aferramos a la esperanza que está delante de nosotros. Tenemos como firme
y segura ancla del alma una esperanza que penetra hasta
detrás de la cortina del santuario.

Hebreos 6:18-19

Devocional sobre
El Luto y La Muerte

Frente al cadáver no había a quien culpar, ninguna señal, nada qué hacer, nada era seguro, no había cura a la vista, ni nadie decía lo que Dios pensaba. Estaba sola con Dios, santo en su determinada e imprevisible voluntad.

Esos días estaban llenos con el peculiar y asfixiante frenesí de la espera. Lloré mucho, me preocupé mucho, hice muchas preguntas, me sentí perdida, dormí poco y, además de todo eso, Dios comenzó a conmoverme profundamente.

Empecé a ser sincera, terriblemente sincera. No me gusta la idea de la muerte. Para mí, la muerte es una gran intrusa. Estaba airada con Dios por atreverse incluso a pedirme que lo considerara. Me hice preguntas para las que no creí que Dios tuviera respuestas o, si las tenía, no quería decírmelas. Y cuando le hice esas preguntas, algo sorprendente me sucedió: lo que iba a ser un enfrentamiento se convirtió en un alivio.

Lejos de ofenderse con mis preguntas, Dios las recibió. Comprendió mi dolor y tradujo mi limitación en una fortaleza segura. No sé cómo fue. No sé mucho sobre esa gracia. Dios no respondió, solo me dio su presencia. Nada más. Y su gracia fue suficiente.

Deforia Lanes

Palabras de vida para
LA DIRECCIÓN

Si a alguno de ustedes le falta sabiduría, pídasela a Dios, y él se la dará, pues Dios da a todos generosamente sin menospreciar a nadie.

Santiago 1:5

El SEÑOR dice: «Yo te instruiré, yo te mostraré el camino que debes seguir; yo te daré consejos y velaré por ti.

Salmo 32:8

Tu palabra es una lámpara a mis pies; es una luz en mi sendero.

Salmo 119:105

Cuando camines, te servirán de guía; cuando duermas, vigilarán tu sueño; cuando despiertes, hablarán contigo. El mandamiento es una lámpara, la enseñanza es una luz y la disciplina es el camino a la vida.

Proverbios 6:22-23

Recita siempre el libro de la ley y medita en él de día y de noche; cumple con cuidado todo lo que en él está escrito. Así prosperarás y tendrás éxito.

Josué 1:8

¡Este Dios es nuestro Dios eterno! ¡Él nos guiará para siempre!

Salmo 48:14

Pon en manos del SEÑOR todas tus obras, y tus proyectos se cumplirán.

Proverbios 16:3

El SEÑOR afirma los pasos del hombre cuando le agrada su modo de vivir; podrá tropezar, pero no caerá, porque el SEÑOR lo sostiene de la mano.

Salmo 37:23-24

Guíame, pues eres mi roca y mi fortaleza, dirígeme por amor a tu nombre.

Salmo 31:3

Confía en el SEÑOR de todo corazón, y no en tu propia inteligencia. Reconócelo en todos tus caminos, y él allanará tus sendas.

Proverbios 3:5-6

Esto es lo que dice el SEÑOR, tu Redentor, el Santo de Israel: «Yo soy el SEÑOR tu Dios, que te enseña lo que te conviene, que te guía por el camino en que debes andar.»

Isaías 48:17

El SEÑOR te guiará siempre; te saciará en tierras resecas, y fortalecerá tus huesos. Serás como jardín bien regado, como manantial cuyas aguas no se agotan.

Isaías 58:11

Palabras de vida para

LA DIRECCIÓN

Jesús dijo: «Cuando venga el Espíritu de la verdad, él los guiará a toda la verdad, porque no hablará por su propia cuenta sino que dirá sólo lo que oiga y les anunciará las cosas por venir.»

Juan 16:13

Al necio le parece bien lo que emprende, pero el sabio atiende al consejo.

Proverbios 12:15

Tus mandamientos me hacen más sabio que mis enemigos porque me pertenecen para siempre.

Salmo 119:98

SEÑOR, hazme conocer tus caminos; muéstrame tus sendas. Encamíname en tu verdad, ¡enséñame! Tú eres mi Dios y Salvador; ¡en ti pongo mi esperanza todo el día!

Salmo 25:4-5

Ahora bien, sabemos que Dios dispone todas las cosas para el bien de quienes lo aman, los que han sido llamados de acuerdo con su propósito.

Romanos 8:28

Mis trajines y descansos los conoces; todos mis caminos te son familiares.

Salmo 139:3

El SEÑOR cumplirá en mí su propósito. Tu gran amor, SEÑOR, perdura para siempre; ¡no abandones la obra de tus manos!

Salmo 138:8

LA DIRECCIÓN

El SEÑOR dice: «Yo te instruiré, yo te mostraré el camino que debes seguir; yo te daré consejos y velaré por ti.»

Salmo 32:8

Conozcamos al SEÑOR; vayamos tras su conocimiento. Tan cierto como que sale el sol, él habrá de manifestarse; vendrá a nosotros como la lluvia de invierno, como la lluvia de primavera que riega la tierra.

Oseas 6:3

Le contestó Jesús: «El que me ama, obedecerá mi palabra, y mi Padre lo amará, y haremos nuestra vivienda en él. El que no me ama, no obedece mis palabras. Pero estas palabras que ustedes oyen no son mías sino del Padre, que me envió.»

Juan 14:23-24

Porque el SEÑOR da la sabiduría; conocimiento y ciencia brotan de sus labios.

Proverbios 2:6

«Porque yo sé muy bien los planes que tengo para ustedes —afirma el SEÑOR—, planes de bienestar y no de calamidad, a fin de darles un futuro y una esperanza.»

Jeremías 29:11

Palabras de vida para
La Dirección

Presta atención, escucha mis palabras; aplica tu corazón a mi conocimiento. Grato es retenerlas dentro de ti, y tenerlas todas a flor de labio. A ti te las enseño en este día, para que pongas tu confianza en el Señor.

Proverbios 22:17-19

Por tu gran amor guías al pueblo que has rescatado; por tu fuerza los llevas a tu santa morada.

Éxodo 15:13

Encamíname en tu verdad, ¡enséñame! Tú eres mi Dios y Salvador; ¡en ti pongo mi esperanza todo el día!

Salmo 25:5

Yo te guío por el camino de la sabiduría, te dirijo por sendas de rectitud.

Proverbios 4:11

LA DIRECCIÓN

Todos debieran tener un amigo como Ralph. Sabe arreglar una lámpara, una cortadora de césped, retocar un mueble, hacer libreros. Él solo transformó su garaje en un taller y modernizó por completo la casa de su mamá.

Un día tomábamos café y, maravillada por estos resultados, le pregunté: «Ralph, ¿dónde aprendiste a hacer todo eso?»

Pensativo sorbió su café, sus azules ojos pestañearon. Entonces Ralph me repitió la letra de su oración especial:

Jesús, ven a mi lado
Guía y dirige mi vida.
Enséñame lo que necesito saber.
Ayúdame en el trabajo.
Déjame servirte a ti y a otros
Que sea yo digno de la gracia de Dios.

La oración especial de Ralph ahora se ha convertido en parte de mi vida. La repito todas las mañanas. Y todo el día. Cuando estoy ansiosa o confusa por alguna situación, viene una frase a rescatarme: «Enséñame lo que necesito saber.» De todo lo que Ralph hizo para ayudarme, su oración es lo que más me ha ayudado.

Marjorie Holmes

Palabras de vida para
LA SANTIDAD

Solamente al SEÑOR tu Dios debes seguir y rendir culto. Cumple sus mandamientos y obedécelo; sírvele y permanece fiel a él.

Deuteronomio 13:4

Por lo tanto, hermanos, tomando en cuenta la misericordia de Dios, les ruego que cada uno de ustedes, en adoración espiritual, ofrezca su cuerpo como sacrificio vivo, santo y agradable a Dios. No se amolden al mundo actual, sino sean transformados mediante la renovación de su mente. Así podrán comprobar cuál es la voluntad de Dios, buena, agradable y perfecta.

Romanos 12:1-2

Busquen la paz con todos, y la santidad, sin la cual nadie verá al Señor.

Hebreos 12:14

Dios no nos llamó a la impureza sino a la santidad.

1 Tesalonicenses 4:7

Dios nos escogió en él antes de la creación del mundo, para que seamos santos y sin mancha delante de él.

Efesios 1:4

Y tú, Salomón, hijo mío, reconoce al Dios de tu padre, y sírvele de todo corazón y con buena disposición, pues el SEÑOR escudriña todo corazón y discierne todo pensamiento. Si lo buscas, te permitirá que lo encuentres; si lo abandonas, te rechazará para siempre.

1 Crónicas 28:9

LA SANTIDAD

Y en virtud de esa voluntad somos santificados mediante el sacrificio del cuerpo de Jesucristo, ofrecido una vez y para siempre.

Hebreos 10:10

Samuel respondió: «¿Qué le agrada más al SEÑOR: que se le ofrezcan holocaustos y sacrificios, o que se obedezca lo que él dice? El obedecer vale más que el sacrificio, y el prestar atención, más que la grasa de carneros.»

1 Samuel 15:22

Obedézcanme. Así yo seré su Dios, y ustedes serán mi pueblo. Condúzcanse conforme a todo lo que yo les ordene, a fin de que les vaya bien.

Jeremías 7:23

Esfuércense por cumplir fielmente el mandamiento y la ley que les ordenó Moisés, siervo del SEÑOR: amen al SEÑOR su Dios, condúzcanse de acuerdo con su voluntad, obedezcan sus mandamientos, manténganse unidos firmemente a él y sírvanle de todo corazón y con todo su ser.

Josué 22:5

Palabras de vida para
LA SANTIDAD

Conságrense a mí, y sean santos, porque yo soy el
SEÑOR su Dios. Obedezcan mis estatutos y pónganlos
por obra. Yo soy el SEÑOR, que los santifica.

Levítico 20:7-8

Pero ahora que han sido liberados del pecado y se han
puesto al servicio de Dios, cosechan la santidad que
conduce a la vida eterna.

Romanos 6:22

¿En qué concuerdan el templo de Dios y los ídolos?
Porque nosotros somos templo del Dios viviente.
Como él ha dicho: «Viviré con ellos y caminaré entre
ellos. Yo seré su Dios, y ellos serán mi pueblo.» ...
Como tenemos estas promesas, queridos hermanos,
purifiquémonos de todo lo que contamina el cuerpo y
el espíritu, para completar en el temor de Dios la obra
de nuestra santificación.

2 Corintios 6:16; 7:1

Que los fortalezca interiormente para que, cuando
nuestro Señor Jesús venga con todos sus santos, la
santidad de ustedes sea intachable delante de nuestro
Dios y Padre.

1 Tesalonicenses 3:13

Su divino poder, al darnos el conocimiento de aquel
que nos llamó por su propia gloria y potencia, nos ha
concedido todas las cosas que necesitamos para vivir
como Dios manda.

2 Pedro 1:3

Consideren bien todo lo verdadero, todo lo respetable, todo lo justo, todo lo puro, todo lo amable, todo lo digno de admiración, en fin, todo lo que sea excelente o merezca elogio.

Filipenses 4:8

¿Quién, SEÑOR, se te compara entre los dioses? ¿Quién se te compara en grandeza y santidad? Tú, hacedor de maravillas, nos impresionas con tus portentos. Extendiste tu brazo derecho, ¡y se los tragó la tierra! Por tu gran amor guías al pueblo que has rescatado; por tu fuerza los llevas a tu santa morada.

Éxodo 15:11-13

Tributen al SEÑOR la gloria que corresponde a su nombre; preséntense ante él con ofrendas, adoren al SEÑOR en su hermoso santuario.

1 Crónicas 16:29

Con respecto a la vida que antes llevaban, se les enseñó que debían quitarse el ropaje de la vieja naturaleza, la cual está corrompida por los deseos engañosos; ser renovados en la actitud de su mente; y ponerse el ropaje de la nueva naturaleza, creada a imagen de Dios, en verdadera justicia y santidad.

Efesios 4:22-24

Palabras de vida para
LA SANTIDAD

Más bien, sean ustedes santos en todo lo que hagan, como también es santo quien los llamó; pues está escrito: «Sean santos, porque yo soy santo.»

1 Pedro 1:15-16

Gracias a él ustedes están unidos a Cristo Jesús, a quien Dios ha hecho nuestra sabiduría —es decir, nuestra justificación, santificación y redención— para que, como está escrito: «Si alguien ha de gloriarse, que se gloríe en el Señor.»

1 Corintios 1:30-31

Vivir cerca de las cosas santas, trabajar en la iglesia, incluso hablar cosas santas no quiere decir que uno viva una vida santa. La excelencia de la fe, el conocimiento, la fortaleza, la paciencia o el amor infinito requiere el hábito de la disciplina.

Hábito significa ejercicio, un proceso de madurez. Al igual que una manzana es perfecta al brotar, tú puedes ser perfecta en cada etapa del desarrollo.

Una madurez en desarrollo es muy sencilla: Piensa en cosas que son verdaderas, honestas, justas, puras, encantadoras, de buena fama. Si hay alguna virtud o algo que alabar, piensa en eso.

Lory Basham Jones

Palabras de vida para
LA SINCERIDAD

Los malvados se derrumban y dejan de existir, pero los hijos de los justos permanecen.

Proverbios 12:7

SEÑOR, hazme conocer tus caminos; muéstrame tus sendas. Encamíname en tu verdad, ¡enséñame! Tú eres mi Dios y Salvador; ¡en ti pongo mi esperanza todo el día!

Salmo 25:4-5

El SEÑOR es clemente y compasivo, lento para la ira y grande en amor.

Salmo 145:18

El rey se complace en los labios honestos; aprecia a quien habla con la verdad.

Proverbios 16:13

«Lo que ustedes deben hacer es hablarse con la verdad, y juzgar en sus tribunales con la verdad y la justicia. ¡Eso trae la paz! No maquinen el mal contra su prójimo, ni sean dados al falso testimonio, porque yo aborrezco todo eso, afirma el SEÑOR.»

Zacarías 8:16-17

Sólo el que procede con justicia y habla con rectitud, el que rechaza la ganancia de la extorsión y se sacude las manos para no aceptar soborno, el que no presta oído a las conjuras de asesinato y cierra los ojos para no contemplar el mal. Ese tal morará en las alturas; tendrá como refugio una fortaleza de rocas, se le proveerá de pan, y no le faltará el agua.

Isaías 33:15-16

Palabras de vida para
LA SINCERIDAD

Con tus buenas obras, dales tú mismo ejemplo en todo.
Cuando enseñes, hazlo con integridad y seriedad, y con
un mensaje sano e intachable. Así se avergonzará cualquiera que se oponga, pues no podrá decir nada malo
de nosotros.

Tito 2:7-8

En todo esto procuro conservar siempre limpia mi
conciencia delante de Dios y de los hombres.

Hechos 24:16

Consideren bien todo lo verdadero, todo lo respetable,
todo lo justo, todo lo puro, todo lo amable, todo lo
digno de admiración, en fin, todo lo que sea excelente
o merezca elogio.

Filipenses 4:8

No me niegues, SEÑOR, tu misericordia; que siempre
me protejan tu amor y tu verdad.

Salmo 40:11

Obedezcan en todo a sus amos terrenales, no sólo
cuando ellos los estén mirando, como si ustedes
quisieran ganarse el favor humano, sino con integridad
de corazón y por respeto al Señor. Hagan lo que hagan,
trabajen de buena gana, como para el Señor y no como
para nadie en este mundo.

Colosenses 3:22-23

Mantengan entre los incrédulos una conducta tan ejemplar que, aunque los acusen de hacer el mal, ellos observen las buenas obras de ustedes y glorifiquen a Dios en el día de la salvación.

1 Pedro 2:12

¡El SEÑOR juzgará a los pueblos! Júzgame, SEÑOR, conforme a mi justicia; págame conforme a mi inocencia.

Salmo 7:8

¿Quién, SEÑOR, puede habitar en tu santuario? ¿Quién puede vivir en tu santo monte? Sólo el de conducta intachable, que practica la justicia y de corazón dice la verdad.

Salmo 15:1-2

Quien se conduce con integridad, anda seguro; quien anda en malos pasos será descubierto.

Proverbios 10:9

¡Ya se te ha declarado lo que es bueno! Ya se te ha dicho lo que de ti espera el SEÑOR: Practicar la justicia, amar la misericordia, y humillarte ante tu Dios.

Miqueas 6:8

El que es honrado en lo poco, también lo será en lo mucho; y el que no es íntegro en lo poco, tampoco lo será en lo mucho.

Lucas 16:10

Devocional sobre
LA SINCERIDAD

L a primavera pasada, mi esposo y yo
hicimos la declaración de rentas. En esos
días, estaba ocupada en extremo con todas
las actividades normales de la vida y corría
abriendo gavetas, buscando informes y
recibos, todo alrededor de una hora antes.
Hice un cálculo aproximado de cuántas
donaciones de caridad hicimos y de cuántos
gastos médicos tuvimos. Comencé a moles-
tarme, pero razonaba en silencio que hice
todo lo posible en esas circunstancias.

A la mañana siguiente, al salir de casa
para ir al estudio bíblico, murmuré una
rápida oración: «Señor... si quieres que
vuelva a buscar en todos mis informes y que
lo haga bien, lo haré. Solo dímelo.» De
camino al estudio bíblico, la mujer que
guiaba comenzó a hablar sobre... ser
obediente al Señor hasta en las cosas
pequeñas. Y luego agregó que su mamá se
reía de ella por ser tan escrupulosamente
sincera en su impuesto sobre la renta. Me
revolví en el asiento, mi cara se enrojeció.
Sabía lo que tenía que hacer. Aunque fue un
poco penoso llamar de nuevo al contador
con las cantidades correctas, me sentí mejor
cuando lo hice. Y me sentí aun mejor
porque supe que obedecí la voz de Dios.

Nicole Hill

La Esperanza

Cobren ánimo y ármense de valor, todos los que en el Señor esperan.

Salmo 31:24

Pero el Señor cuida de los que le temen, de los que esperan en su gran amor.

Salmo 33:18

Que tu gran amor, Señor, nos acompañe, tal como lo esperamos de ti.

Salmo 33:22

Yo, Señor, espero en ti; tú, Señor y Dios mío, serás quien responda.

Salmo 38:15

Pero los que confían en el Señor renovarán sus fuerzas; volarán como las águilas: correrán y no se fatigarán, caminarán y no cansarán.

Isaías 40:31

¿Por qué voy a inquietarme? ¿Por qué me voy a angustiar? En Dios pondré mi esperanza,
y todavía lo alabaré. ¡Él es mi Salvador y mi Dios!

Salmo 43:5

Tú, Soberano Señor, has sido mi esperanza; en ti he confiado desde mi juventud.

Salmo 71:5

Al que puede hacer muchísimo más que todo lo que podamos imaginarnos o pedir, por el poder que obra eficazmente en nosotros.

Efesios 3:20

De tus preceptos adquiero entendimiento; por eso aborrezco toda senda de mentira.

Salmo 119:74

Sosténme conforme a tu promesa, y viviré; no defraudes mis esperanzas.

Salmo 119:116

Espera al SEÑOR. Porque en él hay amor inagotable; en él hay plena redención.

Salmo 130:7

Dichoso aquel cuya ayuda es el Dios de Jacob, cuya esperanza está en el SEÑOR su Dios, creador del cielo y de la tierra, del mar y de todo cuanto hay en ellos, y que siempre mantiene la verdad.

Salmo 146:5-6

La esperanza frustrada aflige al corazón; el deseo cumplido es un árbol de vida.

Proverbios 13:12

Así de dulce sea la sabiduría a tu alma; si das con ella, tendrás buen futuro; tendrás una esperanza que no será destruida.

Proverbios 24:14

Palabras de vida para
LA ESPERANZA

Bendito el hombre que confía en el SEÑOR, y pone su confianza en él. Será como un árbol plantado junto al agua, que extiende sus raíces hacia la corriente; no teme que llegue el calor, y sus hojas están siempre verdes. En época de sequía no se angustia, y nunca deja de dar fruto.

Jeremías 17:7-8

Pero algo más me viene a la memoria, lo cual me llena de esperanza: El gran amor del SEÑOR nunca se acaba, y su compasión jamás se agota.

Lamentaciones 3:21-22

El SEÑOR es todo lo que tengo. ¡En él esperaré! Bueno es el SEÑOR con quienes en él confían, con todos los que lo buscan.

Lamentaciones 3:24-25

Y no sólo en esto, sino también en nuestros sufrimientos, porque sabemos que el sufrimiento produce perseverancia; la perseverancia, entereza de carácter; la entereza de carácter, esperanza. Y esta esperanza no nos defrauda, porque Dios ha derramado su amor en nuestro corazón por el Espíritu Santo que nos ha dado.

Romanos 5:3-5

Pues estoy convencido de que ni la muerte ni la vida, ni los ángeles ni los demonios, ni lo presente ni lo por venir, ni los poderes, ni lo alto ni lo profundo, ni cosa alguna en toda la creación, podrá apartarnos del amor que Dios nos ha manifestado en Cristo Jesús nuestro Señor.

Romanos 8:38-39

Palabras de vida para
LA ESPERANZA

Todo lo que se escribió en el pasado se escribió para enseñarnos, a fin de que, alentados por las Escrituras, perseveremos en mantener nuestra esperanza.

Romanos 15:4

Que el Dios de la esperanza los llene de toda alegría y paz a ustedes que creen en él, para que rebosen de esperanza por el poder del Espíritu Santo.

Romanos 15:13

Los recordamos constantemente delante de nuestro Dios y Padre a causa de la obra realizada por su fe, el trabajo motivado por su amor, y la constancia sostenida por su esperanza en nuestro Señor Jesucristo.

1 Tesalonicenses 1:3

Que nuestro Señor Jesucristo mismo y Dios nuestro Padre, que nos amó y por su gracia nos dio consuelo eterno y una buena esperanza, los anime y les fortalezca el corazón, para que tanto en palabra como en obra hagan todo lo que sea bueno.

2 Tesalonicenses 2:16-17

SEÑOR, hazme conocer tus caminos; muéstrame tus sendas. Encamíname en tu verdad, ¡enséñame! Tú eres mi Dios y Salvador; ¡en ti pongo mi esperanza todo el día!

Salmo 25:4-5

Ahora bien, la fe es la garantía de lo que se espera, la certeza de lo que no se ve.

Hebreos 11:1

La Esperanza

Honren en su corazón a Cristo como Señor. Estén
siempre preparados para responder a todo el que les
pida razón de la esperanza que hay en ustedes.

1 Pedro 3:15

Alégrense en la esperanza, muestren paciencia en el
sufrimiento, perseveren en la oración.

Romanos 12:12

Así que podemos decir con toda confianza: «El Señor
es quien me ayuda; no temeré. ¿Qué me puede hacer
un simple mortal?» ... Jesucristo es el mismo ayer y
hoy y por los siglos.

Hebreos 13:6,8

En la prisión rusa donde estaba Solzhenitsin, no se permitía hablar. No había nada que leer ni nada que estimulara para mantener la vida. Sabía que lo matarían si intentaba escapar, pero pensaba: «Al menos, ¡terminaría todo esto!»

Sin embargo, su fe no le permitiría hacerlo. Cuando llegó un tiempo de descanso durante el día de trabajo, se sentó debajo de un árbol. En ese momento una sombra se dibujó en la yerba. Miró hacia los ojos de un prisionero recién llegado y vio algo nunca antes visto en la prisión, un mensaje de amor y preocupación.

Mientras sus miradas se cruzaban en silencio, el prisionero dio un paso adelante y dibujó una cruz en la tierra con un palito. Solzhenitsin dice que en ese momento le surgió una nueva esperanza. Jesús lo amaba. Tenía el mando. ¡Hay esperanzas! Tres días más tarde lo liberaron de esa prisión. Supo con una seguridad poderosa que Dios es soberano y todavía hay esperanzas.

¡No desmayemos! Quizá seamos los que daremos esperanza a alguien más, quizá por un gesto, quizá sin palabras. Debemos amar, orar y apoyarnos unos a otros.

Mary C. Crowley

Palabras de vida para
LA HOSPITALIDAD

Cuando algún extranjero se establezca en el país de ustedes, no lo traten mal. Al contrario, trátenlo como si fuera uno de ustedes. Ámenlo como a ustedes mismos, porque también ustedes fueron extranjeros en Egipto. Yo soy el SEÑOR y Dios de Israel.

Levítico 19:33-34

Más bien, cuando des a los necesitados, que no se entere tu mano izquierda de lo que hace la derecha, para que tu limosna sea en secreto. Así tu Padre, que ve lo que se hace en secreto, te recompensará.

Mateo 6:3-4

El ayuno que he escogido, ¿no es más bien romper las cadenas de injusticia y desatar las correas del yugo, poner en libertad a los oprimidos y romper toda atadura? ¿No es acaso el ayuno compartir tu pan con el hambriento y dar refugio a los pobres sin techo, vestir al desnudo y no dejar de lado a tus semejantes? Si así procedes, tu luz despuntará como la aurora, y al instante llegará tu sanidad; tu justicia te abrirá el camino, y la gloria del SEÑOR te seguirá.

Isaías 58:6-8

Jesús dijo: «Porque tuve hambre, y ustedes me dieron de comer; tuve sed, y me dieron de beber; fui forastero, y me dieron alojamiento; necesité ropa, y me vistieron; estuve enfermo, y me atendieron; estuve en la cárcel, y me visitaron." Y le contestarán los justos: "Señor, ¿cuándo te vimos hambriento y te alimentamos, o sediento y te dimos de beber? ¿Cuándo te vimos como forastero y te dimos alojamiento, o necesitado de ropa y te vestimos? ¿Cuándo te vimos enfermo o en la cárcel y te visitamos?" El Rey les responderá: "Les aseguro que todo lo que hicieron por uno de mis hermanos, aun por el más pequeño, lo hicieron por mí."»

Mateo 25:35-40

LA HOSPITALIDAD

Precisamente por eso, esfuércense por añadir a su fe, virtud; a su virtud, entendimiento; al entendimiento, dominio propio; al dominio propio, constancia; a la constancia, devoción a Dios; a la devoción a Dios, afecto fraternal; y al afecto fraternal, amor. Porque estas cualidades, si abundan en ustedes, les harán crecer en el conocimiento de nuestro Señor Jesucristo, y evitarán que sean inútiles e improductivos.

2 Pedro 1:5-8

También dijo Jesús al que lo había invitado: «Cuando des una comida o una cena, no invites a tus amigos, ni a tus hermanos, ni a tus parientes, ni a tus vecinos ricos; no sea que ellos, a su vez, te inviten y así seas recompensado. Más bien, cuando des un banquete, invita a los pobres, a los inválidos, a los cojos y a los ciegos. Entonces serás dichoso, pues aunque ellos no tienen con qué recompensarte, serás recompensado en la resurrección de los justos.

Lucas 14:12-14

Ayuden a los hermanos necesitados. Practiquen la hospitalidad.

Romanos 12:13

Palabras de vida para
LA HOSPITALIDAD

No se olviden de practicar la hospitalidad, pues gracias a ella algunos, sin saberlo, hospedaron ángeles.

Hebreos 13:2

Esta ayuda que es un servicio sagrado no sólo suple las necesidades de los santos sino que también redunda en abundantes acciones de gracias a Dios. En efecto, al recibir esta demostración de servicio, ellos alabarán a Dios por la obediencia con que ustedes acompañan la confesión del evangelio de Cristo, y por su generosa solidaridad con ellos y con todos.

2 Corintios 9:12-13

Practiquen la hospitalidad entre ustedes sin quejarse.

1 Pedro 4:9

El que habla, hágalo como quien expresa las palabras mismas de Dios; el que presta algún servicio, hágalo como quien tiene el poder de Dios. Así Dios será en todo alabado por medio de Jesucristo, a quien sea la gloria y el poder por los siglos de los siglos.

1 Pedro 4:11

No se olviden de hacer el bien y de compartir con otros lo que tienen, porque ésos son los sacrificios que agradan a Dios.

Hebreos 13:16

LA HOSPITALIDAD

La esencia de la hospitalidad es abrir el corazón a Dios, con una habitación preparada para el huésped del Espíritu Santo, quien le da la bienvenida a la presencia de Cristo. Esto es lo que expresamos a quienes abrimos nuestras puertas. Les entregamos a Cristo y no pensamos con qué nos quedaremos.

Mi mesa de roble de tres dólares se convirtió en un altar en el que corazones hambrientos se alimentan con el pan de vida. La sala es un santuario en el que se ofrecen los sacramentos de consuelo y comunión, donde participamos de la comunión del sufrimiento y del deleite humano.

Si corporalmente los cristianos comenzaran a practicar la hospitalidad, podríamos jugar un papel importante para redimir la sociedad. No hay mejor lugar para redimir la sociedad que el hogar de un siervo cristiano; y mientras más trabajemos con el cautivo, el ciego y el oprimido, más reconocemos que en el mundo inhospitalario, un hogar cristiano es un milagro para compartir.

Karen Burton Mains

Palabras de vida para
EL GOZO

Pondrá de nuevo risas en tu boca, y gritos de alegría en tus labios.

Job 8:21

Porque sólo un instante dura su enojo, pero toda una vida su bondad. Si por la noche hay llanto, por la mañana habrá gritos de alegría.

Salmo 30:5

¡Alégrense, ustedes los justos; regocíjense en el Señor! ¡Canten todos ustedes, los rectos de corazón!

Salmo 32:11

Que se regocijen en el Señor los justos; que busquen refugio en él; ¡que lo alaben todos los de recto corazón!

Salmo 64:10

Pero que los justos se alegren y se regocijen; que estén felices y alegres delante de Dios.

Salmo 68:3

Pero que todos los que te buscan se alegren en ti y se regocijen; que los que aman tu salvación digan siempre: «¡Sea Dios exaltado!»

Salmo 70:4

La luz se esparce sobre los justos, y la alegría sobre los rectos de corazón.

Salmo 97:11

Volverán los rescatados del Señor, y entrarán en Sión con cánticos de júbilo; su corona será el gozo eterno. Se llenarán de regocijo y alegría, y se apartarán de ellos el dolor y los gemidos.

Isaías 51:11

Pero que se alegren todos los que en ti buscan refugio;
¡que canten siempre jubilosos! Extiende tu protección,
y que en ti se regocijen todos los que aman tu nombre.

Salmo 5:11

Aclamen alegres al SEÑOR, habitantes de toda la tierra;
adoren al SEÑOR con regocijo. Preséntense ante él con
cánticos de júbilo.

Salmo 100:1-2

Me has dado a conocer la senda de la vida; me llenarás
de alegría en tu presencia, y de dicha eterna a tu
derecha.

Salmo 16:11

Los preceptos del SEÑOR son rectos: traen alegría al
corazón. El mandamiento del SEÑOR es claro: da luz a
los ojos.

Salmo 19:8

El que con lágrimas siembra, con regocijo cosecha. El
que llorando esparce la semilla, cantando recoge sus
gavillas.

Salmo 126:5-6

Palabras de vida para
EL GOZO

Una mirada radiante alegra el corazón, y las buenas noticias renuevan las fuerzas.

Proverbios 15:30

Ustedes saldrán con alegría y serán guiados en paz. A su paso, las montañas y las colinas prorrumpirán en gritos de júbilo y aplaudirán todos los árboles del bosque.

Isaías 55:12

Alégrense, hijos de Sión, regocíjense en el SEÑOR su Dios, que a su tiempo les dará las lluvias de otoño. Les enviará la lluvia, la de otoño y la de primavera, como en tiempos pasados.

Joel 2:23

Aunque la higuera no dé renuevos, ni haya frutos en las vides; aunque falle la cosecha del olivo, y los campos no produzcan alimentos; aunque en el aprisco no haya ovejas, ni ganado alguno en los establos.

Habacuc 3:17-18

Dichosos ustedes cuando los odien, cuando los discriminen, los insulten y los desprestigien por causa del Hijo del hombre. Alégrense en aquel día y salten de gozo, pues miren que les espera una gran recompensa en el cielo. Dense cuenta de que los antepasados de esta gente trataron así a los falsos profetas.

Lucas 6:22-23

En cambio, el fruto del Espíritu es amor, alegría, paz, paciencia, amabilidad, bondad, fidelidad.

Gálatas 5:22

Jesús dijo: «Hasta ahora no han pedido nada en mi nombre. Pidan y recibirán, para que su alegría sea completa.»

Juan 16:24

Hermanos míos, considérense muy dichosos cuando tengan que enfrentarse con diversas pruebas, pues ya saben que la prueba de su fe produce constancia.

Santiago 1:2-3

Me has dado a conocer los caminos de la vida; me llenarás de alegría en tu presencia.

Hechos 2:28

Alégrense en la esperanza, muestren paciencia en el sufrimiento, perseveren en la oración.

Romanos 12:12

Porque el reino de Dios no es cuestión de comidas o bebidas sino de justicia, paz y alegría en el Espíritu Santo.

Romanos 14:17

EL GOZO

Que el Dios de la esperanza los llene de toda alegría y paz a ustedes que creen en él, para que rebosen de esperanza por el poder del Espíritu Santo.

Romanos 15:13

Ustedes lo aman a pesar de no haberlo visto; y aunque no lo ven ahora, creen en él y se alegran con un gozo indescriptible y glorioso, pues están obteniendo la meta de su fe, que es su salvación.

1 Pedro 1:8-9

Alégrense siempre en el Señor. Insisto: ¡Alégrense!

Filipenses 4:4

Sí, el Señor ha hecho grandes cosas por nosotros, y eso nos llena de alegría.

Salmo 126:3

No estén tristes, pues el gozo del Señor es nuestra fortaleza.

Nehemías 8:10

Antes, Nehemías 8:10 me desconcertaba un poco: «El gozo del Señor es nuestra fortaleza.» Para mí, ese versículo nunca tuvo mucho sentido porque el gozo no parecía ser una cualidad contundente. Me parecía que podía tener más sentido si dijera: «La fortaleza del Señor es tu gozo.»

Sin embargo, mientras más vivo, más considero que la habilidad de encontrar gozo en la vida constituye en verdad una tremenda fortaleza. La gente fuerte es la que puede reír. La gente que puede echar la cabeza hacia atrás y deleitarse en el gozo del momento vivirá mucho más que los que estemos tensos, obligados y dados a tomarnos muy en serio.

En los niños es sobresaliente ese gozo espontáneo y franco. Lo saben por intuición. Por eso es que lo gastan con toda generosidad en el momento presente. No lo guardan en una cuenta de ahorro para los días lluviosos, ni lo dejan para después, ni lo tapan. Lo gastan con total desenfado. Lo practican en cada pequeña ocasión. ¡Por eso aciertan tanto!

Claire Cloninger

Palabras de vida para
La Bondad

Bien le va al que presta con generosidad, y maneja sus negocios con justicia.

Salmo 112:5

Es un pecado despreciar al prójimo; ¡dichoso el que se compadece de los pobres!

Proverbios 14:21

Así dice el SEÑOR Todopoderoso: «Juzguen con verdadera justicia; muestren amor y compasión los unos por los otros. No opriman a las viudas ni a los huérfanos, ni a los extranjeros ni a los pobres. No maquinen el mal en su corazón los unos contra los otros.»

Zacarías 7:9-10

Al que te pida, dale; y al que quiera tomar de ti prestado, no le vuelvas la espalda.

Mateo 5:42

Por eso yo les voy a enviar profetas, sabios y maestros. A algunos de ellos ustedes los matarán y crucificarán; a otros los azotarán en sus sinagogas y los perseguirán de pueblo en pueblo. Así recaerá sobre ustedes la culpa de toda la sangre justa que ha sido derramada sobre la tierra, desde la sangre del justo Abel hasta la de Zacarías, hijo de Berequías, a quien ustedes asesinaron entre el santuario y el altar de los sacrificios. Les aseguro que todo esto vendrá sobre esta generación.

Mateo 23:34-36

Vivan en armonía los unos con los otros. No sean arrogantes, sino háganse solidarios con los humildes. No se crean los únicos que saben.

Romanos 12:16

Siempre que tengamos la oportunidad, hagamos bien a todos, y en especial a los de la familia de la fe.

Gálatas 6:10

Sean bondadosos y compasivos unos con otros, y perdónense mutuamente, así como Dios los perdonó a ustedes en Cristo.

Efesios 4:32

Por lo tanto, como escogidos de Dios, santos y amados, revístanse de afecto entrañable y de bondad, humildad, amabilidad y paciencia.

Colosenses 3:12

En fin, vivan en armonía los unos con los otros; compartan penas y alegrías, practiquen el amor fraternal, sean compasivos y humildes. No devuelvan mal por mal ni insulto por insulto; más bien, bendigan, porque para esto fueron llamados, para heredar una bendición.

1 Pedro 3:8-9

Precisamente por eso, esfuércense por añadir a su fe, virtud; a su virtud, entendimiento; al entendimiento, dominio propio; al dominio propio, constancia; a la constancia, devoción a Dios; a la devoción a Dios, afecto fraternal; y al afecto fraternal, amor. Porque estas cualidades, si abundan en ustedes, les harán crecer en el conocimiento de nuestro Señor Jesucristo, y evitarán que sean inútiles e improductivos.

2 Pedro 1:5-8

Ayúdense unos a otros a llevar sus cargas, y así cumplirán la ley de Cristo.

Gálatas 6:2

Si alguien ha de gloriarse, que se gloríe de conocerme y de comprender que yo soy el SEÑOR, que actúo en la tierra con amor, con derecho y justicia, pues es lo que a mí me agrada.

Jeremías 9:24

La mujer bondadosa se gana el respeto.

Proverbios 11:16a

La angustia abate el corazón del hombre, pero una palabra amable lo alegra.

Proverbios 12:25

Así que en todo traten ustedes a los demás tal y como quieren que ellos los traten a ustedes. De hecho, esto es la ley y los profetas.

Mateo 7:12

Cuando se manifestaron la bondad y el amor de Dios nuestro Salvador, él nos salvó, no por nuestras propias obras de justicia sino por su misericordia.

Tito 3:4-5

Y quien dé siquiera un vaso de agua fresca a uno de estos pequeños por tratarse de uno de mis discípulos, les aseguro que no perderá su recompensa.

Mateo 10:42

LA BONDAD

Una carta cariñosa de un amigo. Un reconocimiento de mi jefe. Una devolución inesperada. Un versículo consolador. Estos me llegan como buenos regalos de Dios. Sin embargo, sin cesar los paso por alto mientras me concentro en lo que parecen, al menos para mí, problemas insuperables.

Siempre son problemas que aún Dios no ha resuelto. A menudo, me quejo por las demoras en contestar. Sin embargo, mi visión miope es injusta con él. Si levanto los ojos del problema, puedo ver los regalos de Dios en todo lo que me rodea.

Quizá no sean la respuesta que busco para ese momento, pero son regalos buenos y continuos que dicen: «Todavía te quiero, hija mía.» Me recuerdan que Dios nunca deja de cuidarme, aunque viva con una expectativa insatisfecha.

Ahora, en los tiempos difíciles, me hago el propósito de cazar las pequeñas sorpresas de bondad de Dios mientras aguardo sus grandes soluciones. Me quita el problema de la mente. Me ayuda a confiar en él. Me motiva a saber que Dios todavía me cuida.

Judith Couchman

EL AMOR POR OTROS

Y este es mi mandamiento: que se amen los unos a los otros, como yo los he amado. Nadie tiene amor más grande que el dar la vida por sus amigos.

Juan 15:12-13

No seas vengativo con tu prójimo, ni le guardes rencor. Ama a tu prójimo como a ti mismo. Yo soy el SEÑOR.

Levítico19:18

[Al extranjero] trátenlo como si fuera uno de ustedes. Ámenlo como a ustedes mismos, porque también ustedes fueron extranjeros en Egipto. Yo soy el SEÑOR y Dios de Israel.

Levítico 19:34

¡Que el SEÑOR pida cuentas de esto a tus enemigos! De ese modo Jonatán hizo un pacto con la familia de David, pues quería a David como a sí mismo. Por ese cariño que le tenía, le pidió a David confirmar el pacto bajo juramento.

1 Samuel 20:16-17

Ámense los unos a los otros con amor fraternal, respetándose y honrándose mutuamente.

Romanos 12:10

El amor es paciente, es bondadoso. El amor no es envidioso ni jactancioso ni orgulloso. No se comporta con rudeza, no es egoísta, no se enoja fácilmente, no guarda rencor. El amor no se deleita en la maldad sino que se regocija con la verdad.

1 Corintios 13:4-6

Ustedes han sido llamados a ser libres; pero no se valgan de esa libertad para dar rienda suelta a sus pasiones. Más bien sírvanse unos a otros con amor. En efecto, toda la ley se resume en un solo mandamiento: «Ama a tu prójimo como a ti mismo.»

Gálatas 5:13-14

¡Cuán bueno y cuán agradable es que los hermanos convivan en armonía!

Salmo 133:1

Siempre que tengamos la oportunidad, hagamos bien a todos, y en especial a los de la familia de la fe.

Gálatas 6:10

Lleven una vida de amor, así como Cristo nos amó y se entregó por nosotros como ofrenda y sacrificio fragante para Dios.

Efesios 5:2

Que el Señor los haga crecer para que se amen más y más unos a otros, y a todos, tal como nosotros los amamos a ustedes.

1 Tesalonicenses 3:12

En cuanto al amor fraternal, no necesitan que les escribamos, porque Dios mismo les ha enseñado a amarse unos a otros.

1 Tesalonicenses 4:9

Hacen muy bien si de veras cumplen la ley suprema de la Escritura: «Ama a tu prójimo como a ti mismo.»

Santiago 2:8

EL AMOR POR OTROS

Jesús dijo: «Este mandamiento nuevo les doy: que se amen los unos a los otros. Así como yo los he amado, también ustedes deben amarse los unos a los otros. De este modo todos sabrán que son mis discípulos, si se aman los unos a los otros.»

Juan 13:34-35

Ahora que se han purificado obedeciendo a la verdad y tienen un amor sincero por sus hermanos, ámense de todo corazón los unos a los otros.

1 Pedro 1:22

En fin, vivan en armonía los unos con los otros; compartan penas y alegrías, practiquen el amor fraternal, sean compasivos y humildes. No devuelvan mal por mal ni insulto por insulto; más bien, bendigan, porque para esto fueron llamados, para heredar una bendición.

1 Pedro 3:8-9

Queridos hermanos, amémonos los unos a los otros, porque el amor viene de Dios, y todo el que ama ha nacido de él y lo conoce.

1 Juan 4:7

Y él [Cristo] nos ha dado este mandamiento: el que ama a Dios, ame también a su hermano.

1 Juan 4:21

En Cristo Jesús de nada vale estar o no estar circunci-dados; lo que vale es la fe que actúa mediante el amor.

Gálatas 5:6

El Amor Por Otros

Igual que una maestra enseña mejor al despertar la curiosidad, un amigo nos anima mejor cuando nos estimula la autoestima.

Recientemente, una querida amiga me contaba cuánto lucha para llegar a reconocer su valor como persona. «El otro día», me dijo, «pensé en ti y en otra amiga que me apoyaron mucho durante varios años, creyendo en mí incluso cuando yo no honraba mis propias opiniones y sentimientos, y me hacían sentir especial cuando ni siquiera me valoraba un poco. Sé de dónde viene ese amor. Y sé que algún día también seré mejor en esto. »

¡Qué privilegio Dios nos dio de amarnos unos a otros! Cuando el apóstol Pablo nos enseñó a considerar todo lo verdadero, respetable, justo, puro, amable, digno de admiración, que sea excelente o merezca elogio (Filipenses 4:8), nos dejó un maravilloso grupo de herramientas para esculpir autoestima en la vida de los demás.

A medida que vemos y apoyamos estas cualidades positivas en nuestros amigos, ellos comenzarán a ver la fuente de todo lo verdadero y excelente o que merece elogio. Y pronto empezarán a alabar a su Creador convirtiéndose en todo lo que él quiso que fueran.

Susan Lenzkes

Palabras de vida para
EL AMOR

En cambio, el fruto del Espíritu es amor, alegría, paz, paciencia, amabilidad, bondad, fidelidad.

Gálatas 5:22

Pues Dios no nos ha dado un espíritu de timidez, sino de poder, de amor y de dominio propio.

2 Timoteo 1:7

El que no ama no conoce a Dios, porque Dios es amor.

1 Juan 4:8

Si hablo en lenguas humanas y angelicales, pero no tengo amor, no soy más que un metal que resuena o un platillo que hace ruido. Si tengo el don de profecía y entiendo todos los misterios y poseo todo conocimiento, y si tengo una fe que logra trasladar montañas, pero me falta el amor, no soy nada. Si reparto entre los pobres todo lo que poseo, y si entrego mi cuerpo para que lo consuman las llamas, pero no tengo amor, nada gano con eso. El amor es paciente, es bondadoso. El amor no es envidioso ni jactancioso ni orgulloso. No se comporta con rudeza, no es egoísta, no se enoja fácilmente, no guarda rencor. El amor no se deleita en la maldad sino que se regocija con la verdad. Todo lo disculpa, todo lo cree, todo lo espera, todo lo soporta. El amor jamás se extingue, mientras que el don de profecía cesará, el de lenguas será silenciado y el de conocimiento desaparecerá.

1 Corintios 13:1-8

Desde el cielo me tiende la mano y me salva; reprende a mis perseguidores. ¡Dios me envía su amor y su verdad!

Salmo 57:3

Porque tanto amó Dios al mundo, que dio a su Hijo
unigénito, para que todo el que cree en él no se pierda,
sino que tenga vida eterna.

Juan 3:16

Sobre todo, ámense los unos a los otros profundamente, porque el amor cubre multitud de pecados.

1 Pedro 4:8

Nadie ha visto jamás a Dios, pero si nos amamos los
unos a los otros, Dios permanece entre nosotros, y
entre nosotros su amor se ha manifestado plenamente.

1 Juan 4:12

Aunque cambien de lugar las montañas y se tambaleen
las colinas, no cambiará mi fiel amor por ti ni vacilará
mi pacto de paz, dice el SEÑOR, que de ti se compadece.

Isaías 54:10

El Padre mismo los ama porque me han amado y han
creído que yo he venido de parte de Dios.

Juan 16:27

Bueno es el SEÑOR; es refugio en el día de la angustia, y
protector de los que en él confían.

Nahúm 1:7

Ni lo alto ni lo profundo, ni cosa alguna en toda la
creación, podrá apartarnos del amor que Dios nos ha
manifestado en Cristo Jesús nuestro Señor.

Romanos 8:39

EL AMOR

Le pido que, por medio del Espíritu y con el poder que procede de sus gloriosas riquezas, los fortalezca a ustedes en lo íntimo de su ser, para que por fe Cristo habite en sus corazones. Y pido que, arraigados y cimentados en amor, puedan comprender, junto con todos los santos, cuán ancho y largo, alto y profundo es el amor de Cristo; en fin, que conozcan ese amor que sobrepasa nuestro conocimiento, para que sean llenos de la plenitud de Dios.

Efesios 3:16-19

Amen a sus enemigos, háganles bien y denles prestado sin esperar nada a cambio. Así tendrán una gran recompensa y serán hijos del Altísimo, porque él es bondadoso con los ingratos y malvados.

Lucas 6:35

Ama al SEÑOR tu Dios con todo tu corazón y con toda tu alma y con todas tus fuerzas.

Deuteronomio 6:5

Si alguien reconoce que Jesús es el Hijo de Dios, Dios permanece en él, y él en Dios. Y nosotros hemos llegado a saber y creer que Dios nos ama.

1 Juan 4:15-16

Cuando me dirijo al Señor en oración, lo hago de diferentes maneras. A veces le hablo como a mi hermano mayor, lo cual es así. Si sufro un ataque espiritual, voy a él en oración como al capitán de mi alma. Es mi amigo cuando quiero desahogarme. Hasta tengo amigas solteras que buscan al Señor como a esposos, según dice Isaías 54:5.

Últimamente disfruto relacionándome con mi Salvador como el amor de mi alma. Y cuando quiero decirle cuánto lo adoro, uso el lenguaje de amor de Cantar de los cantares. Este hermoso libro de la Biblia es más que un sencillo poema de amor; es un cuadro de la relación de amor entre el novio y su novia.

Desde tu corazón, dile a Jesús que «entre diez mil hombres se le distingue». Alábalo por ser tan amoroso. Dile que su amor es mejor que el vino. Él es la rosa de Sarón, el lirio de los valles.

Joni Eareckson Tada

Palabras de vida para

LA MISERICORDIA

¡Ya se te ha declarado lo que es bueno! Ya se te ha dicho lo que de ti espera el SEÑOR: Practicar la justicia, amar la misericordia, y humillarte ante tu Dios.

Miqueas 6:8

Dichosos los compasivos, porque serán tratados con compasión.

Mateo 5:7

Porque el SEÑOR tu Dios es un Dios compasivo, que no te abandonará ni te destruirá, ni se olvidará del pacto que mediante juramento hizo con tus antepasados.

Deuteronomio 4:31

Sean compasivos, así como su Padre es compasivo.

Lucas 6:36

Tenemos dones diferentes, según la gracia que se nos ha dado. Si el don de alguien es el de profecía, que lo use en proporción con su fe ... si es el de animar a otros, que los anime; si es el de socorrer a los necesitados, que dé con generosidad; si es el de dirigir, que dirija con esmero; si es el de mostrar compasión, que lo haga con alegría.

Romanos 12:6,8

¡La compasión triunfa en el juicio!

Santiago 2:13

Y el SEÑOR le respondió: «Voy a darte pruebas de mi bondad, y te daré a conocer mi nombre. Y verás que tengo clemencia de quien quiero tenerla, y soy compasivo con quien quiero ser.»

Éxodo 33:19

LA MISERICORDIA

Manténganse en el amor de Dios ... mientras esperan que nuestro Señor Jesucristo, en su misericordia, les conceda vida eterna. Tengan compasión de los que dudan.

Judas 21-22

El Señor ha escuchado mis ruegos; el Señor ha tomado en cuenta mi oración.

Salmo 6:9

Pasando delante de él, proclamó: «El Señor, el Señor, Dios clemente y compasivo, lento para la ira y grande en amor y fidelidad, que mantiene su amor hasta mil generaciones después, y que perdona la iniquidad, la rebelión y el pecado.»

Éxodo 34:6-7a

No me niegues, Señor, tu misericordia; que siempre me protejan tu amor y tu verdad.

Salmo 40:11

Ten compasión de mí, oh Dios, conforme a tu gran amor; conforme a tu inmensa bondad, borra mis transgresiones.

Salmo 51:1

133

LA MISERICORDIA

Ten compasión de mí, oh Dios; ten compasión de mí, que en ti confío. A la sombra de tus alas me refugiaré, hasta que haya pasado el peligro.

Salmo 57:1

Respóndeme, SEÑOR, por tu bondad y tu amor; por tu gran compasión, vuélvete a mí.

Salmo 69:16

Escucha, SEÑOR, mi oración; atiende a mi súplica. Por tu fidelidad y tu justicia, respóndeme.

Salmo 143:1

[Dios] en su amor y misericordia los rescató; los levantó y los llevó en sus brazos como en los tiempos de antaño.

Isaías 63:9

Porque el Poderoso ha hecho grandes cosas por mí. ¡Santo es su nombre! De generación en generación se extiende su misericordia a los que le temen.

Lucas 1:49-50

¿Qué Dios hay como tú, que perdone la maldad y pase por alto el delito del remanente de su pueblo? No siempre estarás airado, porque tu mayor placer es amar.

Miqueas 7:18

LA MISERICORDIA

Así dice el SEÑOR Todopoderoso: «Juzguen con verdadera justicia; muestren amor y compasión los unos por los otros.»

Zacarías 7:9

Pero Dios, que es rico en misericordia, por su gran amor por nosotros, nos dio vida con Cristo, aun cuando estábamos muertos en pecados. ¡Por gracia ustedes han sido salvados!

Efesios 2:4-5

La sabiduría que desciende del cielo es ante todo pura, y además pacífica, bondadosa, dócil, llena de compasión y de buenos frutos, imparcial y sincera.

Santiago 3:17

Es un hecho que [Dios] a Moisés le dice: «Tendré clemencia de quien yo quiera tenerla, y seré compasivo con quien yo quiera serlo.» Por lo tanto, la elección no depende del deseo ni del esfuerzo humano sino de la misericordia de Dios.

Romanos 9:15-16

Quien encubre su pecado jamás prospera; quien lo confiesa y lo deja, halla perdón.

Proverbios 28:13

Así que acerquémonos confiadamente al trono de la gracia para recibir misericordia y hallar la gracia que nos ayude en el momento que más la necesitemos.

Hebreos 4:16

Palabras de vida para
LA MISERICORDIA

«Vengan, pongamos las cosas en claro —dice el
SEÑOR—. ¿Son sus pecados como escarlata? ¡Quedarán
blancos como la nieve! ¿Son rojos como la púrpura?
¡Quedarán como la lana!»

Isaías 1:18

¡Recuerda esto, Dios mío, y conforme a tu gran amor,
ten compasión de mí!

Nehemías 13:22

Que abandone el malvado su camino, y el perverso sus
pensamientos. Que se vuelva al SEÑOR, a nuestro Dios,
que es generoso para perdonar, y de él recibirá misericordia. «Porque mis pensamientos no son los de
ustedes, ni sus caminos son los míos —afirma el
SEÑOR—. Mis caminos y mis pensamientos son más
altos que los de ustedes; ¡más altos que los cielos sobre
la tierra! Así como la lluvia y la nieve descienden del
cielo, y no vuelven allá sin regar antes la tierra y
hacerla fecundar y germinar para que dé semilla al que
siembra y pan al que come, así es también la palabra
que sale de mi boca: No volverá a mí vacía, sino que
hará lo que yo deseo y cumplirá con mis propósitos.»

Isaías 55:7-11

LA MISERICORDIA

Unos pescadores en la zona montañosa de Escocia fueron una tarde a un pequeño mesón escocés para tomar una taza de té.

Mientras que alguien les describía a sus amigos «el pez que se le escapó», estiró sus brazos en un típico gesto de pescador. Lo hizo en el preciso momento en que la camarera le servía una taza de té. El resultado del choque dejó una gran mancha de té en las blancas paredes.

El pescador se excusó profusamente. Otro señor que estaba sentado cerca le dijo: «No te preocupes.»

Se levantó, sacó un lápiz de color de su bolsillo y comenzó a pintar alrededor de la fea mancha marrón. Poco a poco apareció la cabeza de un magnífico venado real con un despliegue de cuernos. El hombre era Sir Edwin Henry Landseer, el pintor más famoso de animales de Inglaterra.

Ahora bien, si un artista puede hacer esto de una fea mancha marrón, ¿qué no hará Dios con mis pecados y errores si se los entrego?

Ruth Bell Graham

Palabras de vida para
LA PAZ

Al de carácter firme lo guardarás en perfecta paz, porque en ti confía.

Isaías 26:3

Porque Cristo es nuestra paz: de los dos pueblos ha hecho uno solo, derribando mediante su sacrificio el muro de enemistad que nos separaba.

Efesios 2:14

SEÑOR, tú estableces la paz en favor nuestro, porque tú eres quien realiza todas nuestras obras.

Isaías 26:12

Pongan en práctica lo que de mí han aprendido, recibido y oído, y lo que han visto en mí, y el Dios de paz estará con ustedes.

Filipenses 4:9

Que gobierne en sus corazones la paz de Cristo, a la cual fueron llamados en un solo cuerpo. Y sean agradecidos.

Colosenses 3:15

En paz me acuesto y me duermo, porque sólo tú, SEÑOR, me haces vivir confiado.

Salmo 4:8

El SEÑOR fortalece a su pueblo; el SEÑOR bendice a su pueblo con la paz.

Salmo 29:11

Jesús dijo: «La paz les dejo; mi paz les doy. Yo no se la doy a ustedes como la da el mundo. No se angustien ni se acobarden.»

Juan 14:27

Palabras de vida para
LA PAZ

No se inquieten por nada; más bien, en toda ocasión, con oración y ruego, presenten sus peticiones a Dios y denle gracias. Y la paz de Dios, que sobrepasa todo entendimiento, cuidará sus corazones y sus pensamientos en Cristo Jesús.

Filipenses 4:6-7

Que se aparte del mal y haga el bien; que busque la paz y la siga.

Salmo 34:14

Sométete a Dios; ponte en paz con él, y volverá a ti la prosperidad.

Job 22:21

Pero los desposeídos heredarán la tierra y disfrutarán de gran bienestar.

Salmo 37:11

Los que aman tu ley disfrutan de gran bienestar, y nada los hace tropezar.

Salmo 119:165

En cambio, el fruto del Espíritu es amor, alegría, paz, paciencia, amabilidad, bondad, fidelidad.

Gálatas 5:22

Habrá sufrimiento y angustia para todos los que hacen el mal, los judíos primeramente, y también los gentiles; pero gloria, honor y paz para todos los que hacen el bien, los judíos primeramente, y también los gentiles.

Romanos 2:9-10

Palabras de vida para
LA PAZ

Busquen su restauración, hagan caso de mi exhortación, sean de un mismo sentir, vivan en paz. Y el Dios de amor y de paz estará con ustedes.

2 Corintios 13:11

Esfuércense por mantener la unidad del Espíritu mediante el vínculo de la paz.

Efesios 4:3

Cuando el Señor aprueba la conducta de un hombre, hasta con sus enemigos lo reconcilia.

Proverbios 16:7

Si es posible, y en cuanto dependa de ustedes, vivan en paz con todos.

Romanos 12:18

En cambio, la sabiduría que desciende del cielo es ante todo pura, y además pacífica, bondadosa, dócil, llena de compasión y de buenos frutos, imparcial y sincera. En fin, el fruto de la justicia se siembra en paz para los que hacen la paz.

Santiago 3:17-18

El corazón tranquilo da vida al cuerpo, pero la envidia corroe los huesos.

Proverbios 14:30

Esforcémonos por promover todo lo que conduzca a la paz y a la mutua edificación.

Romanos 14:19

Era tan solo una lavaplatos en un restaurante. Parte de sus obligaciones era llevar los platos sucios a la cocina y devolver los limpios a los estantes debajo del mostrador.

Mientras estaba ocupada en su trabajo, un hombre sentado en el mostrador le preguntó: «¿No quisieras que te pagaran este trabajo a destajo?»

Ella lo miró con una pregunta en sus ojos. Esto le era desconocido. De pronto, una sonrisa de lado a lado iluminó su expresiva cara y enseguida contestó: «Hermano, ¡hago las paces con cada oportunidad que tengo! ¡Hago el trabajo de la paz!

¡Qué maravilloso! Quisiera que a toda la gente le preocupara más el «trabajo de la paz» que el «trabajo a destajo». Si Dios es nuestra paz, debemos ser hacedores de la paz. Nunca nos satisfará dar un énfasis desmedido al trabajo a destajo para ganar dinero, antes que trabajar por la paz para ganar una herencia eterna.

¿En qué se concentra tu vida?

Kathryn Hillen

Palabras de vida para
LA PERSPECTIVA

«Porque mis pensamientos no son los de ustedes, ni sus caminos son los míos —afirma el SEÑOR—. Mis caminos y mis pensamientos son más altos que los de ustedes; ¡más altos que los cielos sobre la tierra!»

Isaías 55:8-9

Todas las sendas del SEÑOR son amor y verdad para quienes cumplen los preceptos de su pacto.

Salmo 25:10

Alabo, exalto y glorifico al Rey del cielo, porque siempre procede con rectitud y justicia, y es capaz de humillar a los soberbios.

Daniel 4:37

Tu amor, SEÑOR, llega hasta los cielos; tu fidelidad alcanza las nubes.

Salmo 36:5

Prefiero recordar las hazañas del SEÑOR, traer a la memoria sus milagros de antaño … Te abriste camino en el mar; te hiciste paso entre las muchas aguas, y no se hallaron tus huellas.

Salmo 77:11,19

Declararé que tu amor permanece firme para siempre, que has afirmado en el cielo tu fidelidad.

Salmo 89:2

LA PERSPECTIVA

Tan grande es su amor por los que le temen como alto es el cielo sobre la tierra.

Salmo 103:11

¡Qué profundas son las riquezas de la sabiduría y del conocimiento de Dios! ¡Qué indescifrables sus juicios e impenetrables sus caminos! «¿Quién ha conocido la mente del Señor, o quién ha sido su consejero?» «¿Quién le ha dado primero a Dios, para que luego Dios le pague?» Porque todas las cosas proceden de él, y existen por él y para él. ¡A él sea la gloria por siempre! Amén.

Romanos 11:33-36

El Señor le dijo a Samuel: «No te dejes impresionar por su apariencia ni por su estatura, pues yo lo he rechazado. La gente se fija en las apariencias, pero yo me fijo en el corazón.»

1 Samuel 16:7

Pero los planes del Señor quedan firmes para siempre; los designios de su mente son eternos.

Salmo 33:11

¿Acaso no lo sabes? ¿Acaso no te has enterado? El Señor es el Dios eterno, creador de los confines de la tierra. No se cansa ni se fatiga, y su inteligencia es insondable. Él fortalece al cansado y acrecienta las fuerzas del débil.

Isaías 40:28-29

Palabras de vida para
LA PERSPECTIVA

Oh SEÑOR, ¡cuán imponentes son tus obras, y cuán profundos tus pensamientos!

Salmo 92:5

Por eso el SEÑOR los espera, para tenerles piedad; por eso se levanta para mostrarles compasión. Porque el SEÑOR es un Dios de justicia. ¡Dichosos todos los que en él esperan!

Isaías 30:18

«Porque yo sé muy bien los planes que tengo para ustedes —afirma el SEÑOR —, planes de bienestar y no de calamidad, a fin de darles un futuro y una esperanza.»

Jeremías 29:11

Pues si ustedes, aun siendo malos, saben dar cosas buenas a sus hijos, ¡cuánto más su Padre que está en el cielo dará cosas buenas a los que le pidan!

Mateo 7:11

El que es sabio entiende estas cosas; el que es inteligente las comprende. Ciertamente son rectos los caminos del SEÑOR: en ellos caminan los justos, mientras que allí tropiezan los rebeldes.

Oseas 14:9

Yo estoy contigo. Te protegeré por dondequiera que vayas, y te traeré de vuelta a esta tierra. No te abandonaré hasta cumplir con todo lo que te he prometido.

Génesis 28:15

LA PERSPECTIVA

En el Antiguo Testamento, el reino de Judá necesitaba una patada por los pantalones, una inyección en el brazo, un golpe en la cabeza. Se rebelaron contra Dios, por lo tanto, él llana y simplemente los juzgó por medio del profeta Isaías y las naciones extranjeras. Merecían el regaño o el castigo, pero entonces Dios era tan sabio como lo es hoy. Solo les abrió los ojos.

«Tu visión se empequeñeció demasiado por tu dolor. Te concentraste en lo que te falta. ¡Olvídalo! Ensancha el espacio de tu carpa y vive como si lo tuvieras todo. ¡Porque es así! Tienes mi amor eterno. Mi perdón. Mi poder. ¡Me tienes a mí!»

Hay días en que necesito esa visión. A veces me canso con facilidad. Y cuando me canso, quiero ir a mi «carpa» de compasión, frustración y rabia. Mis pequeñas carpas son cómodas. Aunque son oscuras y apretadas, me parecen cómodas. Sin embargo, no por mucho tiempo.

Dios quiere mi compañía debajo de una gran carpa en la que juntos extendamos su reino. Y mientras lo hago, descubro la fresca brisa de nuevas fuerzas para enfrentar mi compasión, frustración y rabia. Me renueva.

Joni Eareckson Tada

LA ORACIÓN

Antes que me llamen, yo les responderé; todavía estarán hablando cuando ya los habré escuchado.

Isaías 65:24

Crean que ya han recibido todo lo que estén pidiendo en oración, y lo obtendrán.

Marcos 11:24

Pidan, y se les dará; busquen, y encontrarán; llamen, y se les abrirá. 8 Porque todo el que pide, recibe; el que busca, encuentra; y al que llama, se le abre.

Mateo 7:7-8

Si ustedes creen, recibirán todo lo que pidan en oración.

Mateo 21:22

Además les digo que si dos de ustedes en la tierra se ponen de acuerdo sobre cualquier cosa que pidan, les será concedida por mi Padre que está en el cielo. Porque donde dos o tres se reúnen en mi nombre, allí estoy yo en medio de ellos.

Mateo 18:19-20

Queridos hermanos, si el corazón no nos condena, tenemos confianza delante de Dios, y recibimos todo lo que le pedimos porque obedecemos sus mandamientos y hacemos lo que le agrada.

1 Juan 3:21-22

Cuando te pongas a orar, entra en tu cuarto, cierra la puerta y ora a tu Padre, que está en lo secreto. Así tu Padre, que ve lo que se hace en secreto, te recompensará.

Mateo 6:6

Clama a mí y te responderé, y te daré a conocer cosas grandes y ocultas que tú no sabes.

Jeremías 33:3

Él me invocará, y yo le responderé; estaré con él en momentos de angustia; lo libraré y lo llenaré de honores.

Salmo 91:15

El SEÑOR se mantiene lejos de los impíos, pero escucha las oraciones de los justos.

Proverbios 15:29

Deléitate en el SEÑOR, y él te concederá los deseos de tu corazón.

Salmo 37:4

Así que acerquémonos confiadamente al trono de la gracia para recibir misericordia y hallar la gracia que nos ayude en el momento que más la necesitemos.

Hebreos 4:16

En aquel día ya no me preguntarán nada. Ciertamente les aseguro que mi Padre les dará todo lo que le pidan en mi nombre. Hasta ahora no han pedido nada en mi nombre. Pidan y recibirán, para que su alegría sea completa.

Juan 16:23-24

Palabras de vida para
LA ORACIÓN

Cuando te pongas a orar, entra en tu cuarto, cierra la puerta y ora a tu Padre, que está en lo secreto. Así tu Padre, que ve lo que se hace en secreto, te recompensará.

Mateo 6:6

Si permanecen en mí y mis palabras permanecen en ustedes, pidan lo que quieran, y se les concederá.

Juan 15:7

Cualquier cosa que ustedes pidan en mi nombre, yo la haré; así será glorificado el Padre en el Hijo. Lo que pidan en mi nombre, yo lo haré.

Juan 14:13-14

Si mi pueblo, que lleva mi nombre, se humilla y ora, y me busca y abandona su mala conducta, yo lo escucharé desde el cielo, perdonaré su pecado y restauraré su tierra.

2 Crónicas 7:14

SEÑOR, espero en ti; tú, SEÑOR y Dios mío, serás quien responda.

Salmo 38:15

Si confesamos nuestros pecados, Dios, que es fiel y justo, nos los perdonará y nos limpiará de toda maldad.

1 Juan 1:9

Muy de madrugada, cuando todavía estaba oscuro,
Jesús se levantó, salió de la casa y se fue a un lugar soli-
tario, donde se puso a orar.

Marcos 1:35

No se inquieten por nada; más bien, en toda ocasión,
con oración y ruego, presenten sus peticiones a Dios y
denle gracias. Y la paz de Dios, que sobrepasa todo
entendimiento, cuidará sus corazones y sus pensamientos en Cristo Jesús.

Filipenses 4:6-7

¿Está afligido alguno entre ustedes? Que ore. ¿Está
alguno de buen ánimo? Que cante alabanzas. ¿Está
enfermo alguno de ustedes? Haga llamar a los ancianos
de la iglesia para que oren por él y lo unjan con aceite
en el nombre del Señor. La oración de fe sanará al
enfermo y el Señor lo levantará. Y si ha pecado, su
pecado se le perdonará. Por eso, confiésense unos a
otros sus pecados, y oren unos por otros, para que sean
sanados. La oración del justo es poderosa y eficaz.

Santiago 5:13-16

Esta es la confianza que tenemos al acercarnos a Dios:
que si pedimos conforme a su voluntad, él nos oye. Y si
sabemos que Dios oye todas nuestras oraciones,
podemos estar seguros de que ya tenemos lo que le
hemos pedido.

1 Juan 5:14-15

Palabras de vida para

LA ORACIÓN

«Porque yo sé muy bien los planes que tengo para ustedes —afirma el SEÑOR—, planes de bienestar y no de calamidad, a fin de darles un futuro y una esperanza. Entonces ustedes me invocarán, y vendrán a suplicarme, y yo los escucharé. Me buscarán y me encontrarán, cuando me busquen de todo corazón.»

Jeremías 29:11-13

Los ojos del Señor están sobre los justos, y sus oídos, atentos a sus oraciones.

1 Pedro 3:12

«Ustedes deben orar así: "Padre nuestro que estás en el cielo, santificado sea tu nombre, venga tu reino, hágase tu voluntad en la tierra como en el cielo. Danos hoy nuestro pan cotidiano. Perdónanos nuestras deudas, como también nosotros hemos perdonado a nuestros deudores. Y no nos dejes caer en tentación, sino líbranos del maligno."»

Mateo 6:9-13

«¿Qué quieres?», te pregunta Jesús. Es una simple pregunta y, sin embargo, sabes que lo que respondas marcará el rumbo del resto de tu vida.

Detenida allí, en medio de tu vida pasada y la futura, te sientes viva como nunca antes. El tiempo parece detenerse. Los colores que te rodean cobran vida, los sonidos son claros y casi musicales.

¿Qué dices cuando Jesús te pregunta qué quieres? ¿Sabes lo que quieres? Mientras estás allí, encerrado en un lugar santo aunque te rodea una multitud, te examinas el corazón.

¿Vienes a Jesús por curiosidad? ¿Tienes alguna necesidad que piensas que puede resolverte o una pregunta intelectual que te pueda responder? ¿Tienes algo que necesitas curar? ¿Tienes algún quebranto, una herida o dolor incesante, un fracaso del pasado que te gustaría que él llevara? ¿Necesitas perdón? ¿Hay algo que probaste para arreglar eso que escapa a tus habilidades?

¿Qué es exactamente lo que quieres de Jesús de Nazaret? En tus oraciones del corazón, dile con exactitud lo que necesitas.

Jeanie Miley

Manténganse libres del amor al dinero, y conténtense con lo que tienen, porque Dios ha dicho: «Nunca te dejaré; jamás te abandonaré.»

Hebreos 13:15

Y les aseguro que estaré con ustedes siempre, hasta el fin del mundo.

Mateo 28:20

Por amor a su gran nombre, el SEÑOR no rechazará a su pueblo; de hecho él se ha dignado hacerlos a ustedes su propio pueblo.

1 Samuel 12:22

Así que no temas, porque yo estoy contigo; no te angusties, porque yo soy tu Dios. Te fortaleceré y te ayudaré; te sostendré con mi diestra victoriosa.

Isaías 41:10

«Quédense quietos, reconozcan que yo soy Dios. ¡Yo seré exaltado entre las naciones! ¡Yo seré enaltecido en la tierra!»

Salmo 46:10

El Dios sempiterno es tu refugio; por siempre te sostiene entre sus brazos. Expulsará de tu presencia al enemigo y te ordenará que lo destruyas.

Deuteronomio 33:27

¿Quién nos apartará del amor de Cristo? ¿La tribulación, o la angustia, la persecución, el hambre, la indigencia, el peligro, o la violencia? ... Sin embargo, en todo esto somos más que vencedores por medio de aquel que nos amó. Pues estoy convencido de que ni la muerte ni la vida, ni los ángeles ni los demonios, ni lo presente ni lo por venir, ni los poderes, ni lo alto ni lo profundo, ni cosa alguna en toda la creación, podrá apartarnos del amor que Dios nos ha manifestado en Cristo Jesús nuestro Señor.

Romanos 8:35,37-39

LA PRESENCIA DE DIOS

Porque el SEÑOR tu Dios es un Dios compasivo, que no te abandonará ni te destruirá, ni se olvidará del pacto que mediante juramento hizo con tus antepasados.

Deuteronomio 4:31

Sean fuertes y valientes. No teman ni se asusten ante esas naciones, pues el SEÑOR su Dios siempre los acompañará; nunca los dejará ni los abandonará.

Deuteronomio 31:6

Aunque mi padre y mi madre me abandonen, el SEÑOR me recibirá en sus brazos.

Salmo 27:10

Aunque cambien de lugar las montañas y se tambaleen las colinas, no cambiará mi fiel amor por ti ni vacilará mi pacto de paz, dice el SEÑOR, que de ti se compadece.

Isaías 54:10

Dios es nuestro amparo y nuestra fortaleza, nuestra ayuda segura en momentos de angustia.

Salmo 46:1

Jesús dijo: «No me escogieron ustedes a mí, sino que yo los escogí a ustedes y los comisioné para que vayan y den fruto, un fruto que perdure. Así el Padre les dará todo lo que le pidan en mi nombre.»

Juan 15:16

Palabras de vida para

LA PRESENCIA DE DIOS

Mira que estoy a la puerta y llamo. Si alguno oye mi voz y abre la puerta, entraré, y cenaré con él, y él conmigo.

Apocalipsis 3:20

Acérquense a Dios, y él se acercará a ustedes.

Santiago 4:8

En ti confían los que conocen tu nombre, porque tú, SEÑOR, jamás abandonas a los que te buscan.

Salmo 9:10

Él me invocará, y yo le responderé; estaré con él en momentos de angustia; lo libraré y lo llenaré de honores. Lo colmaré con muchos años de vida y le haré gozar de mi salvación.

Salmo 91:15-16

Grabada te llevo en las palmas de mis manos; tus muros siempre los tengo presentes.

Isaías 49:16

Me buscarán y me encontrarán, cuando me busquen de todo corazón.

Jeremías 29:13

¿Adónde podría alejarme de tu Espíritu? ¿Adónde podría huir de tu presencia? Si subiera al cielo, allí estás tú; si tendiera mi lecho en el fondo del abismo, también estás allí. Si me elevara sobre las alas del alba, o me estableciera en los extremos del mar, aun allí tu mano me guiaría, ¡me sostendría tu mano derecha!

Salmo 139:7-10

Cuán grande es tu bondad, que atesoras para los que te temen, y que a la vista de la gente derramas sobre los que en ti se refugian. Al amparo de tu presencia los proteges de las intrigas humanas; en tu morada los resguardas de las lenguas contenciosas.

Salmo 31:19-20

Los ojos del SEÑOR están sobre los justos, y sus oídos, atentos a sus oraciones … Los justos claman, y el SEÑOR los oye; los libra de todas sus angustias.

Salmo 34:15,17

No permitirá que tu pie resbale; jamás duerme el que te cuida … El SEÑOR es quien te cuida, el SEÑOR es tu sombra protectora. De día el sol no te hará daño, ni la luna de noche. El SEÑOR te protegerá; de todo mal protegerá tu vida. El SEÑOR te cuidará en el hogar y en el camino, desde ahora y para siempre.

Salmo 121:3,5-8

LA PRESENCIA DE DIOS

El SEÑOR es mi pastor, nada me falta; en verdes pastos me hace descansar. Junto a tranquilas aguas me conduce; me infunde nuevas fuerzas. Me guía por sendas de justicia por amor a su nombre. Aun si voy por valles tenebrosos, no temo peligro alguno porque tú estás a mi lado; tu vara de pastor me reconforta. Dispones ante mí un banquete en presencia de mis enemigos. Has ungido con perfume mi cabeza; has llenado mi copa a rebosar. La bondad y el amor me seguirán todos los días de mi vida; y en la casa del SEÑOR habitaré para siempre.

Salmo 23

Durante todos los días de tu vida, nadie será capaz de enfrentarse a ti. Así como estuve con Moisés, también estaré contigo; no te dejaré ni te abandonaré.

Josué 1:5

LA PRESENCIA DE DIOS

¡Josué lo retaron! Dios lo comisionó para guiar a los hijos de Israel a la tierra prometida. Eligieron a Josué para que asumiera la responsabilidad del liderazgo a fin de sustituir a Moisés, uno de los más grandes líderes de todos los tiempos. Josué recibió la orden de marcha de parte de Dios.

Josué sabía que esa tarea superaba sus capacidades naturales. Reconoció la seriedad de ser el líder. El temor atrapó su corazón. ¿Cómo enfrentaría esa responsabilidad? Parecía una tarea imposible. El Jordán estaba en su época de crecida. Ya Josué había estado en esa tierra para investigarla y conocía el poder del enemigo. Sin embargo, podría seguir, con firmeza, basándose en la promesa de Dios: «Así como estuve con Moisés, también estaré contigo.» Teniendo a Dios de su parte, Josué sería la mayoría.

Valor es enfrentar con firmeza las dificultades y obstáculos, sabiendo que Dios ha prometido estar contigo. Josué podía llegar a esa tierra con poder y valor, sin concentrarse en los obstáculos, sino en Dios, quien es del todo confiable.

Millie Stamm

Palabras de vida para
LAS RELACIONES

Siempre humildes y amables, pacientes, tolerantes unos
con otros en amor. Esfuércense por mantener la unidad
del Espíritu mediante el vínculo de la paz.

Efesios 4:2-3

Revístanse de afecto entrañable y de bondad,
humildad, amabilidad y paciencia, de modo que se
toleren unos a otros y se perdonen si alguno tiene
queja contra otro. Así como el Señor los perdonó,
perdonen también ustedes.

Colosenses 3:12-13

No formen yunta con los incrédulos. ¿Qué tienen en
común la justicia y la maldad? ¿O qué comunión puede
tener la luz con la oscuridad? ¿Qué armonía tiene
Cristo con el diablo? ¿Qué tiene en común un
creyente con un incrédulo? ¿En qué concuerdan el
templo de Dios y los ídolos? Porque nosotros somos
templo del Dios viviente. Como él ha dicho: «Viviré
con ellos y caminaré entre ellos. Yo seré su Dios, y ellos
serán mi pueblo.» Por tanto, el Señor añade: «Salgan
de en medio de ellos y apártense. No toquen nada
impuro, y yo los recibiré.»

2 Corintios 6:14-17

Por la gracia que se me ha dado, les digo a todos
ustedes: Nadie tenga un concepto de sí más alto que el
que debe tener, sino más bien piense de sí mismo con
moderación, según la medida de fe que Dios le haya
dado. Pues así como cada uno de nosotros tiene un solo
cuerpo con muchos miembros, y no todos estos miembros desempeñan la misma función, también nosotros,
siendo muchos, formamos un solo cuerpo en Cristo, y
cada miembro está unido a todos los demás.

Romanos 12:3-5

Más valen dos que uno, porque obtienen más fruto de su esfuerzo. Si caen, el uno levanta al otro. ¡Ay del que cae y no tiene quien lo levante! Si dos se acuestan juntos, entrarán en calor; uno solo ¿cómo va a calentarse? Uno solo puede ser vencido, pero dos pueden resistir. ¡La cuerda de tres hilos no se rompe fácilmente!

Eclesiastés 4:9-12

Con tus buenas obras, dales tú mismo ejemplo en todo. Cuando enseñes, hazlo con integridad y seriedad, y con un mensaje sano e intachable. Así se avergonzará cualquiera que se oponga, pues no podrá decir nada malo de nosotros.

Tito 2:7-8

A las ancianas, enséñales que sean reverentes en su conducta, y no calumniadoras ni adictas al mucho vino. Deben enseñar lo bueno y aconsejar a las jóvenes a amar a sus esposos y a sus hijos, a ser sensatas y puras, cuidadosas del hogar, bondadosas y sumisas a sus esposos, para que no se hable mal de la palabra de Dios.

Tito 2:3-5

El hierro se afila con el hierro, y el hombre en el trato con el hombre.

Proverbios 27:17

Pedro tomó la palabra, y dijo: «Ahora comprendo que en realidad para Dios no hay favoritismos, sino que en toda nación él ve con agrado a los que le temen y actúan con justicia.»

Hechos 10:34-35

Palabras de vida para

LAS RELACIONES

No te dejes impresionar por su apariencia ni por su estatura, pues yo lo he rechazado. La gente se fija en las apariencias, pero yo me fijo en el corazón.

1 Samuel 16:7

Hermanos míos, la fe que tienen en nuestro glorioso Señor Jesucristo no debe dar lugar a favoritismos.

Santiago 2:1

Miren que no menosprecien a uno de estos pequeños. Porque les digo que en el cielo los ángeles de ellos contemplan siempre el rostro de mi Padre celestial.

Mateo 18:10

No reprendas con dureza al anciano, sino aconséjalo como si fuera tu padre. Trata a los jóvenes como a hermanos; a las ancianas, como a madres; a las jóvenes, como a hermanas, con toda pureza.

1 Timoteo 5:1-2

Ayúdense unos a otros a llevar sus cargas, y así cumplirán la ley de Cristo.

Gálatas 6:2

Paguen a cada uno lo que le corresponda: si deben impuestos, paguen los impuestos; si deben contribuciones, paguen las contribuciones; al que deban respeto, muéstrenle respeto; al que deban honor, ríndanle honor. No tengan deudas pendientes con nadie, a no ser la de amarse unos a otros. De hecho, quien ama al prójimo ha cumplido la ley.

Romanos 13:7-8

El fruto de la justicia se siembra en paz para los que hacen la paz.

Santiago 3:18

Así mismo, jóvenes, sométanse a los ancianos. Revístanse todos de humildad en su trato mutuo, porque «Dios se opone a los orgullosos, pero da gracia a los humildes». Humíllense, pues, bajo la poderosa mano de Dios, para que él los exalte a su debido tiempo.

1 Pedro 5:5-6

Ámense de todo corazón los unos a los otros.

1 Pedro 1:22

El que quiera hacerse grande entre ustedes deberá ser su servidor, y el que quiera ser el primero deberá ser esclavo de los demás; así como el Hijo del hombre no vino para que le sirvan, sino para servir y para dar su vida en rescate por muchos.

Mateo 20:26-28

Les pedimos que sean considerados con los que trabajan arduamente entre ustedes, y los guían y amonestan en el SEÑOR. Ténganlos en alta estima, y ámenlos por el trabajo que hacen. Vivan en paz unos con otros.

1 Tesalonicenses 5:12-13

Palabras de vida para
LAS RELACIONES

Les suplico, hermanos, en el nombre de nuestro Señor Jesucristo, que todos vivan en armonía y que no haya divisiones entre ustedes, sino que se mantengan unidos en un mismo pensar y en un mismo propósito.

1 Corintios 1:10

El buen juicio hace al hombre paciente; su gloria es pasar por alto la ofensa.

Proverbios 19:11

LAS RELACIONES

A diferencia de las piezas de un rompe-cabezas, la gente no siempre se amolda a la perfección. Cada personalidad es única por dentro y por fuera.

Algunos están ocupados, del tipo «resuélvelo todo», para quienes las personas son un medio para lograr un fin. Otros son más despreocupados; hablan acerca de lograr algo, aunque nunca lo hagan. Para ellos, la gente y las relaciones son el fin.

Cuando estos dos prototipos se unen, pueden desesperarse debido a la falta del otro, ciego a la suya. O puede ser que vean estos conflictos como oportunidades para desarrollarse.

En mi familia, las tiras cómicas nos ayudan a elogiar las diferencias y a ser pacientes el uno con el otro. Para reírnos, pegamos en el refrigerador cada tira cómica que da en el blanco. Luego yo las pego en una libreta y las guardo con los álbumes de fotografías de la familia para así volvernos a reír y recordar durante mucho tiempo cuán humanos somos en verdad.

Jeanne Zornes

Palabras de vida para

EL DESCANSO

Vengan a mí todos ustedes que están cansados y
agobiados, y yo les daré descanso. Carguen con mi
yugo y aprendan de mí, pues yo soy apacible y humilde
de corazón, y encontrarán descanso para su alma.
Porque mi yugo es suave y mi carga es liviana.

Mateo 11:28-30

No nos cansemos de hacer el bien, porque a su debido
tiempo cosecharemos si no nos damos por vencidos.

Gálatas 6:9

Pues si realmente es así, dime qué quieres que haga.
Así sabré que en verdad cuento con tu favor. Ten
presente que los israelitas son tu pueblo. «Yo mismo iré
contigo y te daré descanso», respondió el Señor.

Éxodo 33:13-14

En tu santuario, oh Dios, eres imponente; ¡el Dios de
Israel da poder y fuerza a su pueblo! ¡Bendito sea Dios!

Salmo 68:35

Él fortalece al cansado y acrecienta las fuerzas del
débil. Aun los jóvenes se cansan, se fatigan, y los
muchachos tropiezan y caen; pero los que confían en el
Señor renovarán sus fuerzas; volarán como las águilas:
correrán y no se fatigarán, caminarán y no cansarán.

Isaías 40:29-31

Así que no temas, porque yo estoy contigo; no te angusties, porque yo soy tu Dios. Te fortaleceré y te ayudaré; te sostendré con mi diestra victoriosa.

Isaías 41:10

Daré de beber a los sedientos y saciaré a los que estén agotados.

Jeremías 31:25

Fortalézcanse con el gran poder del Señor.

Efesios 6:10

Si el Señor no edifica la casa, en vano se esfuerzan los albañiles. Si el Señor no cuida la ciudad, en vano hacen guardia los vigilantes. En vano madrugan ustedes, y se acuestan muy tarde, para comer un pan de fatigas, porque Dios concede el sueño a sus amados.

Salmo 127:1-2

Acuérdate del sábado, para consagrarlo. Trabaja seis días, y haz en ellos todo lo que tengas que hacer, pero el día séptimo será un día de reposo para honrar al Señor tu Dios. No hagas en ese día ningún trabajo, ni tampoco tu hijo, ni tu hija, ni tu esclavo, ni tu esclava, ni tus animales, ni tampoco los extranjeros que vivan en tus ciudades. Acuérdate de que en seis días hizo el Señor los cielos y la tierra, el mar y todo lo que hay en ellos, y que descansó el séptimo día. Por eso el Señor bendijo y consagró el día de reposo.

Éxodo 20:8-11

Palabras de vida para
El Descanso

En verdes pastos me hace descansar. Junto a tranquilas aguas me conduce; me infunde nuevas fuerzas. Me guía por sendas de justicia por amor a su nombre.

Salmo 23:2-3

Cuidémonos, por tanto, no sea que, aunque la promesa de entrar en su reposo sigue vigente, alguno de ustedes parezca quedarse atrás.

Hebreos 4:1

Que el amado del Señor repose seguro en él, porque lo protege todo el día y descansa tranquilo entre sus hombros.

Deuteronomio 33:12

Por consiguiente, queda todavía un reposo especial para el pueblo de Dios; porque el que entra en el reposo de Dios descansa también de sus obras, así como Dios descansó de las suyas. Esforcémonos, pues, por entrar en ese reposo, para que nadie caiga al seguir aquel ejemplo de desobediencia.

Hebreos 4:9-11

El que habita al abrigo del Altísimo se acoge a la sombra del Todopoderoso.

Salmo 91:1

Y como no tenían tiempo ni para comer, pues era tanta la gente que iba y venía, Jesús les dijo: «Vengan conmigo ustedes solos a un lugar tranquilo y descansen un poco.»

Marcos 6:31

¿Estás exhausta hoy? ¿Tomaste pastillas para que te den energía durante el día? ¿O estás muy nerviosa y necesitas algo que te sede un poco? Quizá tu cuerpo ruega por un descanso. ¡Acaso hay descanso para alguien en este mundo lleno de tensiones?

Al regreso de un viaje misionero, los discípulos estaban eufóricos por el éxito. Dieron informes entusiastas de cómo Dios obró. Jesús se alegraba de oír sus informes, pero sabía que después de una ardua jornada necesitarían descanso físico. Así que los invitó a que le acompañaran a un lugar tranquilo para descansar.

Nosotras también necesitamos renovarnos para mantener la fuerza espiritual y física. Nuestros horarios son exigentes. Desgastan nuestra vida física, mental, emocional y espiritual.

El Santo Espíritu de Dios nos da fuerzas para seguir el horario que nos da. Creo que los planes de Dios para nosotros incluyen tiempo para descansar y serenarnos. Si los discípulos necesitaban descanso, nosotras también.

Nuestro descanso puede ser unas vacaciones donde podamos descansar y disfrutar, un cambio de ambiente, o simplemente un plazo en el mismo lugar en que estamos. El tiempo empleado con el Señor trae renovación y refrigerio.

Millie Stamm

Palabras de vida para

La Autoestima

Y [Dios] dijo: «Hagamos al ser humano a nuestra imagen y semejanza. Que tenga dominio sobre los peces del mar, y sobre las aves del cielo; sobre los animales domésticos, sobre los animales salvajes, y sobre todos los reptiles que se arrastran por el suelo.» Y Dios creó al ser humano a su imagen; lo creó a imagen de Dios. Hombre y mujer los creó.

Génesis 1:26-27

¿Qué es el hombre, para que en él pienses? ¿Qué es el ser humano, para que lo tomes en cuenta? Pues lo hiciste poco menos que un dios, y lo coronaste de gloria y de honra; lo entronizaste sobre la obra de tus manos, ¡todo lo sometiste a su dominio!

Salmo 8:4-6

Tú creaste mis entrañas; me formaste en el vientre de mi madre. ¡Te alabo porque soy una creación admirable! ¡Tus obras son maravillosas, y esto lo sé muy bien!

Salmo 139:13-14

Mis huesos no te fueron desconocidos cuando en lo más recóndito era yo formado, cuando en lo más profundo de la tierra era yo entretejido. Tus ojos vieron mi cuerpo en gestación: todo estaba ya escrito en tu libro; todos mis días se estaban diseñando, aunque no existía uno solo de ellos. ¡Cuán preciosos, oh Dios, me son tus pensamientos! ¡Cuán inmensa es la suma de ellos! Si me propusiera contarlos, sumarían más que los granos de arena. Y si terminara de hacerlo, aún estaría a tu lado.

Salmo 139:15-18

LA AUTOESTIMA

Antes de formarte en el vientre, ya te había elegido;
antes de que nacieras, ya te había apartado; te había
nombrado profeta para las naciones.

Jeremías 1:5

¿Acaso no saben que su cuerpo es templo del Espíritu
Santo, quien está en ustedes y al que han recibido de
parte de Dios? Ustedes no son sus propios dueños.

1 Corintios 6:19-20

Así que ya no eres esclavo sino hijo; y como eres hijo,
Dios te ha hecho también heredero.

Gálatas 4:7

Por la gracia que se me ha dado, les digo a todos ustedes:
Nadie tenga un concepto de sí más alto que el que debe
tener, sino más bien piense de sí mismo con moderación,
según la medida de fe que Dios le haya dado.

Romanos 12:3

¿No se venden dos gorriones por una monedita? Sin
embargo, ni uno de ellos caerá a tierra sin que lo permita
el Padre; y él les tiene contados a ustedes aun los cabe-
llos de la cabeza. Así que no tengan miedo; ustedes
valen más que muchos gorriones.

Mateo 10:29-31

Palabras de vida para
LA AUTOESTIMA

De un solo hombre hizo todas las naciones para que habitaran toda la tierra; y determinó los períodos de su historia y las fronteras de sus territorios … «Puesto que en él vivimos, nos movemos y existimos.» Como algunos de sus propios poetas griegos han dicho: «De él somos descendientes.»

Hechos 17:26,28

Le pido que, por medio del Espíritu y con el poder que procede de sus gloriosas riquezas, los fortalezca a ustedes en lo íntimo de su ser, para que por fe Cristo habite en sus corazones. Y pido que, arraigados y cimentados en amor, puedan comprender, junto con todos los santos, cuán ancho y largo, alto y profundo es el amor de Cristo; en fin, que conozcan ese amor que sobrepasa nuestro conocimiento, para que sean llenos de la plenitud de Dios.

Efesios 3:16-19

Porque somos hechura de Dios, creados en Cristo Jesús para buenas obras, las cuales Dios dispuso de antemano a fin de que las pongamos en práctica.

Efesios 2:10

Devocional sobre

LA AUTOESTIMA

Un sentido enfermizo y poco realista de uno mismo puede hacer que nuestras vidas sean miserables y que hasta nos arruine la salud. He conocido más de un anoréxico adolescente que tercamente trata de pasar hambre porque vio su delgada figura como si fuera gorda.

Tratamos de adquirir un sentimiento de importancia en muchas otras esferas: el trabajo, los logros, la cuenta del banco, el nivel social, nuestras «relaciones». En el jardín, Adán y Eva no necesitaban ninguna de estas cosas para probar su valor. Sin embargo, nuestra caótica cultura nos tiene corriendo en círculos tratando de encontrar valía en lo que hacemos.

El año en que trabajé en la industria de propagandas, vi con mis ojos la fortuna que se hace y los imperios que se edifi-caron en la tambaleante autoimagen del posible consumidor. Cada anuncio que escribí se creó para convencer a los compradores de que con una simple compra podían mágicamente adquirir la confianza que les faltaba.

Sin embargo, la verdad es que no hay dinero que compre ese verdadero y balan-ceado sentido de autoestima que se quedó en el Edén. Este solo lo hallamos donde Adán y Eva lo encontraron, en los ojos de quien nos creó.

Claire Cloninger

El Hablar

Es muy grato dar la respuesta adecuada, y más grato aun cuando es oportuna.

Proverbios 15:23

Cada uno se sacia del fruto de sus labios, y de la obra de sus manos recibe su recompensa.

Proverbios 12:14

Eviten toda conversación obscena. Por el contrario, que sus palabras contribuyan a la necesaria edificación y sean de bendición para quienes escuchan.

Efesios 4:29

Camada de víboras, ¿cómo pueden ustedes que son malos decir algo bueno? De la abundancia del corazón habla la boca.

Mateo 12:34

La boca del justo imparte sabiduría, y su lengua emite justicia

Salmo 37:30

Que su conversación sea siempre amena y de buen gusto. Así sabrán cómo responder a cada uno.

Colosenses 4:6

Todos fallamos mucho. Si alguien nunca falla en lo que dice, es una persona perfecta, capaz también de controlar todo su cuerpo. Cuando ponemos freno en la boca de los caballos para que nos obedezcan, podemos controlar todo el animal … Así también la lengua es un miembro muy pequeño del cuerpo, pero hace alarde de grandes hazañas. ¡Imagínense qué gran bosque se incendia con tan pequeña chispa! También la lengua es un fuego, un mundo de maldad. Siendo uno de nuestros órganos, contamina todo el cuerpo y, encendida por el infierno, prende a su vez fuego a todo el curso de la vida … pero nadie puede domar la lengua. Es un mal irrefrenable, lleno de veneno mortal.

Santiago 3:2-3,5-6,8

Una respuesta sincera es como un beso en los labios.

Proverbios 24:26

Háganlo todo sin quejas ni contiendas.

Filipenses 2:14

El que quiera amar la vida y gozar de días felices, que refrene su lengua de hablar el mal y sus labios de proferir engaños; que se aparte del mal y haga el bien; que busque la paz y la siga.

Salmo 34:12-14

Esfuérzate por presentarte a Dios aprobado, como obrero que no tiene de qué avergonzarse y que interpreta rectamente la palabra de verdad. Evita las palabrerías profanas, porque los que se dan a ellas se alejan cada vez más de la vida piadosa.

2 Timoteo 2:15-16

Que rebosen mis labios de alabanza, porque tú me enseñas tus decretos. Que entone mi lengua un cántico a tu palabra, pues todos tus mandamientos son justos.

Salmo 119:171-172

El que refrena su lengua protege su vida, pero el ligero de labios provoca su ruina.

Proverbios 13:3

Si alguien se cree religioso pero no le pone freno a su lengua, se engaña a sí mismo, y su religión no sirve para nada.

Santiago 1:26

Palabras de vida para
EL HABLAR

El que quiera amar la vida y gozar de días felices, que refrene su lengua de hablar el mal y sus labios de proferir engaños.

1 Pedro 3:10

En la lengua hay poder de vida y muerte; quienes la aman comerán de su fruto.

Proverbios 18:21

Plata refinada es la lengua del justo; el corazón del malvado no vale nada.

Proverbios 10:20

Al vivir la verdad con amor, creceremos hasta ser en todo como aquel que es la cabeza, es decir, Cristo.

Efesios 4:15

Como naranjas de oro con incrustaciones de plata son las palabras dichas a tiempo.

Proverbios 25:11

Impartir la verdad no es fácil. Hay un momento propicio para hablar, que no es al final de un día agotador. A veces sería mejor escuchar. El orador debe preguntarse si esta verdad será una motivación, una fuerza positiva para el crecimiento.

Efesios 4:15 nos dice que hablemos «la verdad en amor». Nuestra actitud hacia los oyentes afecta en cómo recibirán nuestras palabras. El tono de voz y la mirada a los ojos de una persona pueden comunicar preocupación. Sin embargo, incluso en las Escrituras la verdad puede herir y, por consiguiente, rechazarse si viene de un corazón que no ama. El símil de la verdad como una espada de dos filos va dirigido como una espada se usa en nuestros enemigos y no en nuestros amigos.

Algunos piensan que la «manzana de oro con figuras de plata» (Proverbios 25:11) son bolas de oro arregladas en una cesta de filigrana de plata. Estas se pusieron en la mesa como adorno, muy parecido a los centros de mesa que usamos hoy. Sin duda eran valiosos y bellísimos objetos artesanales hechos con mucho esmero. Así deben ser nuestras palabras.

Jean Shaw

Palabras de vida para
Los Talentos y las Habilidades

Y lo he llenado del Espíritu de Dios, de sabiduría, inteligencia y capacidad creativa.

Éxodo 31:3

Recuerda al Señor tu Dios, porque es él quien te da el poder para producir esa riqueza; así ha confirmado hoy el pacto que bajo juramento hizo con tus antepasados.

Deuteronomio 8:18

El Señor fortalece a su pueblo; el Señor bendice a su pueblo con la paz.

Salmo 29:11

El Señor es sol y escudo; Dios nos concede honor y gloria. El Señor brinda generosamente su bondad a los que se conducen sin tacha.

Salmo 84:11

En realidad, Dios da sabiduría, conocimientos y alegría a quien es de su agrado; en cambio, al pecador le impone la tarea de acumular más y más, para luego dárselo todo a quien es de su agrado. Y también esto es absurdo; ¡es correr tras el viento!

Eclesiastés 2:26

Que nadie te menosprecie por ser joven. Al contrario, que los creyentes vean en ti un ejemplo a seguir en la manera de hablar, en la conducta, y en amor, fe y pureza. En tanto que llego, dedícate a la lectura pública de las Escrituras, y a enseñar y animar a los hermanos. Ejercita el don que recibiste mediante profecía, cuando los ancianos te impusieron las manos.

1 Timoteo 4:12-14

Toda buena dádiva y todo don perfecto descienden de lo alto, donde está el Padre que creó las lumbreras celestes, y que no cambia como los astros ni se mueve como las sombras.

Santiago 1:17

Porque las dádivas de Dios son irrevocables, como lo es también su llamamiento.

Romanos 11:29

Tenemos dones diferentes, según la gracia que se nos ha dado. Si el don de alguien es el de profecía, que lo use en proporción con su fe; si es el de prestar un servicio, que lo preste; si es el de enseñar, que enseñe; si es el de animar a otros, que los anime; si es el de socorrer a los necesitados, que dé con generosidad; si es el de dirigir, que dirija con esmero; si es el de mostrar compasión, que lo haga con alegría.

Romanos 12:6-8

Unidos a Cristo ustedes se han llenado de toda riqueza, tanto en palabra como en conocimiento.

1 Corintios 1:5

Preferiría que todos fueran como yo. No obstante, cada uno tiene de Dios su propio don: este posee uno; aquel, otro.

1 Corintios 7:7

Cada uno ponga al servicio de los demás el don que haya recibido, administrando fielmente la gracia de Dios en sus diversas formas.

1 Pedro 4:10

Palabras de vida para
LOS TALENTOS Y LAS HABILIDADES

Hay diversos dones, pero un mismo Espíritu. Hay diversas maneras de servir, pero un mismo Señor. Hay diversas funciones, pero es un mismo Dios el que hace todas las cosas en todos. A cada uno se le da una manifestación especial del Espíritu para el bien de los demás. A unos Dios les da por el Espíritu palabra de sabiduría; a otros, por el mismo Espíritu, palabra de conocimiento; a otros, fe por medio del mismo Espíritu; a otros, y por ese mismo Espíritu, dones para sanar enfermos; a otros, poderes milagrosos; a otros, profecía; a otros, el discernir espíritus; a otros, el hablar en diversas lenguas; y a otros, el interpretar lenguas. Todo esto lo hace un mismo y único Espíritu, quien reparte a cada uno según él lo determina.

1 Corintios 12:4-11

Que te conceda lo que tu corazón desea; que haga que se cumplan todos tus planes.

Salmo 20:4

Soy testigo de que dieron espontáneamente tanto como podían, y aun más de lo que podían, rogándonos con insistencia que les concediéramos el privilegio de tomar parte en esta ayuda para los santos.

2 Corintios 8:3-4

Los Talentos y las Habilidades

Conocí a Judi, mi nuera, desde que era una adolescente. Verla crecer hacia una adulta madura y creativa ha sido un placer. Es una cantante con éxito, esposa, madre y diseñadora de vestidos. Su casa es una pieza maestra del diseño de su creación.

Recuerdo cuando Judi creía que podía hacer muy poco y que tenía muy escasos talentos que ofrecerle al Señor. La verdad es que Dios nos dio talentos a cada uno de nosotros. No todos podemos cantar ni diseñar un hogar como el de Judi, pero podemos desarrollar los talentos que Dios nos da para su gloria.

La vida es un proceso continuo, un crecimiento gradual en la gracia y en los talentos que Dios puso en nosotros. Los talentos que usamos cambian de temporada en temporada para que así haya toda una vida para desarrollarlos. En el momento propicio, Dios sacará a la superficie los talentos que durante años permanecieron latentes.

A medida que proseguimos en nuestro andar con Dios, reconocemos que tiene tanto para nosotros que no lo podemos abarcar durante los primeros treinta, cuarenta o cincuenta años de la vida. Sigue buscando y desarrollando nuevos talentos. Dios los sacará a relucir a medida que te rindas a él.

Nancy Corbett Cole

EL AGRADECIMIENTO

Los trompetistas y los cantores alababan y daban gracias al SEÑOR al son de trompetas, címbalos y otros instrumentos musicales. Y cuando tocaron y cantaron al unísono: «El SEÑOR es bueno; su gran amor perdura para siempre», una nube cubrió el templo del SEÑOR.

2 Crónicas 5:13

¡Aleluya! ¡Alabado sea el SEÑOR! Den gracias al SEÑOR, porque él es bueno; su gran amor perdura para siempre.

Salmo 106:1

Den gracias al SEÑOR, porque él es bueno; su gran amor perdura para siempre. Que lo digan los redimidos del SEÑOR, a quienes redimió del poder del adversario.

Salmo 107:1-2

Den gracias al SEÑOR, porque él es bueno; su gran amor perdura para siempre. Que proclame el pueblo de Israel: «Su gran amor perdura para siempre.» Que proclamen los descendientes de Aarón: «Su gran amor perdura para siempre.» Que proclamen los que temen al SEÑOR: «Su gran amor perdura para siempre.»

Salmo 118:1-4

Den gracias al SEÑOR, porque él es bueno; su gran amor perdura para siempre. Den gracias al Dios de dioses; su gran amor perdura para siempre. Den gracias al SEÑOR omnipotente; su gran amor perdura para siempre.

Salmo 136:1-3

El grito de gozo y alegría, el canto del novio y de la novia, y la voz de los que traen a la casa del SEÑOR ofrendas de acción de gracias y cantan: «Den gracias al SEÑOR Todopoderoso, porque el SEÑOR es bueno, porque su amor es eterno.»

Jeremías 33:11

Palabras de vida para

EL AGRADECIMIENTO

Que gobierne en sus corazones la paz de Cristo, a la cual fueron llamados en un solo cuerpo. Y sean agradecidos. Que habite en ustedes la palabra de Cristo con toda su riqueza: instrúyanse y aconséjense unos a otros con toda sabiduría; canten salmos, himnos y canciones espirituales a Dios, con gratitud de corazón. Y todo lo que hagan, de palabra o de obra, háganlo en el nombre del Señor Jesús, dando gracias a Dios el Padre por medio de él.

Colosenses 3:15-17

Dedíquense a la oración: perseveren en ella con agradecimiento.

Colosenses 4:2

Entonces dijo: «Desnudo salí del vientre de mi madre, y desnudo he de partir. El SEÑOR ha dado; el SEÑOR ha quitado. ¡Bendito sea el nombre del SEÑOR!» A pesar de todo esto, Job no pecó ni le echó la culpa a Dios.

Job 1:21-22

Bendeciré al SEÑOR en todo tiempo; mis labios siempre lo alabarán.

Salmo 34:1

No se inquieten por nada; más bien, en toda ocasión, con oración y ruego, presenten sus peticiones a Dios y denle gracias.

Filipenses 4:6

Palabras de vida para
EL AGRADECIMIENTO

Den gracias a Dios en toda situación, porque esta es su voluntad para ustedes en Cristo Jesús.

1 Tesalonicenses 5:18

¡Pero gracias a Dios, que nos da la victoria por medio de nuestro Señor Jesucristo!

1 Corintios 15:57

¡Gracias a Dios por su don inefable!

2 Corintios 9:15

¡Alaben al SEÑOR, proclamen su nombre, testifiquen de sus proezas entre los pueblos!

1 Crónicas 16:8

¡Aleluya! ¡Alabado sea el SEÑOR! Alabaré al SEÑOR con todo el corazón en la asamblea, en compañía de los rectos. Grandes son las obras del SEÑOR; estudiadas por los que en ellas se deleitan.

Salmo 111:1-2

Dando siempre gracias a Dios el Padre por todo, en el nombre de nuestro Señor Jesucristo.

Efesios 5:20

Por eso, de la manera que recibieron a Cristo Jesús como Señor, vivan ahora en él, arraigados y edificados en él, confirmados en la fe como se les enseñó, y llenos de gratitud.

Colosenses 2:6-7

EL AGRADECIMIENTO

Canten al SEÑOR con gratitud; canten salmos a nuestro Dios al son del arpa.

Salmo 147:7

Entren por sus puertas con acción de gracias; vengan a sus atrios con himnos de alabanza; denle gracias, alaben su nombre.

Salmo 100:4

Así que nosotros, que estamos recibiendo un reino inconmovible, seamos agradecidos. Inspirados por esta gratitud, adoremos a Dios como a él le agrada, con temor reverente.

Hebreos 12:28

Todo lo que Dios ha creado es bueno, y nada es despreciable si se recibe con acción de gracias.

1 Timoteo 4:4

Así que ofrezcamos continuamente a Dios, por medio de Jesucristo, un sacrificio de alabanza, es decir, el fruto de los labios que confiesan su nombre.

Hebreos 13:15

Durante siete días celebrarás esta fiesta en honor al SEÑOR tu Dios, en el lugar que él elija, pues el SEÑOR tu Dios bendecirá toda tu cosecha y todo el trabajo de tus manos. Y tu alegría será completa.

Deuteronomio 16:15

Palabras de vida para

EL AGRADECIMIENTO

Siempre damos gracias a Dios por todos ustedes cuando los mencionamos en nuestras oraciones. Los recordamos constantemente delante de nuestro Dios y Padre a causa de la obra realizada por su fe, el trabajo motivado por su amor, y la constancia sostenida por su esperanza en nuestro Señor Jesucristo.

1 Tesalonicenses 1:2-3

La alabanza, la gloria, la sabiduría, la acción de gracias, la honra, el poder y la fortaleza son de nuestro Dios por los siglos de los siglos.

Apocalipsis 7:12

El Agradecimiento

E l espíritu de celebración encuentra su expre-
sión natural en fiestas y reuniones, en
tiempos de risa y diversión. Sin embargo, no
debe limitarse a momentos de fiesta. El espíritu
de celebración es para toda la vida.

Esto significa que las celebraciones se
demuestran en pequeños momentos de gracia
así como en diversiones estrepitosas. Sonríe a
un geranio a la luz del sol de una ventana tanto
como a la comida en una playa. Se muestra
satisfecho con las tareas humildes hechas para
la gloria de Dios y se regocija con la tarea
terminada. Sobre todo, la celebración brilla en
silenciosa gratitud porque Dios bendijo nuestros
hogares y vidas con el espíritu de belleza.
Celebramos porque nuestras vidas rebosan de
motivos de agradecimiento y porque Dios nos
da los ojos para ver las increíbles bendiciones
recibidas.

Hay muchas formas de alabar los dones que
Dios nos dio: nuestras vidas, nuestras relaciones… y él mismo. Celebramos cuando dedi-
camos tiempo para nosotros y nuestras familias.
Celebramos mediante nuestra disposición para
compartir, amarnos y crecer. Y celebramos al
abrir nuestras vidas al Señor y dejar que su
Espíritu nos llene de su hermosura.

Emilie Barnes

Palabras de vida para
LA CONFIANZA

En ti confían los que conocen tu nombre, porque tú, Señor, jamás abandonas a los que te buscan.

Salmo 9:10

Bendito el hombre que confía en el Señor, y pone su confianza en él. Será como un árbol plantado junto al agua, que extiende sus raíces hacia la corriente; no teme que llegue el calor, y sus hojas están siempre verdes. En época de sequía no se angustia, y nunca deja de dar fruto.

Jeremías 17:7-8

Ante la promesa de Dios no vaciló como un incrédulo, sino que se reafirmó en su fe y dio gloria a Dios, plenamente convencido de que Dios tenía poder para cumplir lo que había prometido.

Romanos 4:20-21

Prueben y vean que el Señor es bueno; dichosos los que en él se refugian.

Salmo 34:8

Señor Todopoderoso, ¡dichosos los que en ti confían!

Salmo 84:12

Los que confían en el Señor son como el monte Sión, que jamás será conmovido, que permanecerá para siempre.

Salmo 125:1

Dichoso aquel cuya ayuda es el Dios de Jacob, cuya esperanza está en el SEÑOR su Dios.

Salmo 146:5

El que atiende a la palabra, prospera. ¡Dichoso el que confía en el SEÑOR!

Proverbios 16:20

Al de carácter firme lo guardarás en perfecta paz, porque en ti confía. Confíen en el SEÑOR para siempre, porque el SEÑOR es una Roca eterna.

Isaías 26:3-4

Por eso el SEÑOR los espera, para tenerles piedad; por eso se levanta para mostrarles compasión. Porque el SEÑOR es un Dios de justicia. ¡Dichosos todos los que en él esperan!

Isaías 30:18

El Dios sempiterno es tu refugio; por siempre te sostiene entre sus brazos. Expulsará de tu presencia al enemigo y te ordenará que lo destruyas.

Deuteronomio 33:27

Muchas son las calamidades de los malvados, pero el gran amor del SEÑOR envuelve a los que en él confían.

Salmo 32:10

Palabras de vida para
LA CONFIANZA

Dichoso el que pone su confianza en el SEÑOR y no recurre a los idólatras ni a los que adoran dioses falsos.

Salmo 40:4

Confía en el SEÑOR de todo corazón, y no en tu propia inteligencia. Reconócelo en todos tus caminos, y él allanará tus sendas.

Proverbios 3:5-6

El que es ambicioso provoca peleas, pero el que confía en el SEÑOR prospera.

Proverbios 28:25

Entonces exclamó Nabucodonosor: «¡Alabado sea el Dios de estos jóvenes, que envió a su ángel y los salvó! Ellos confiaron en él y, desafiando la orden real, optaron por la muerte antes que honrar o adorar a otro dios que no fuera el suyo.»

Daniel 3:28

Así dice la Escritura: «Todo el que confíe en él no será jamás defraudado.»

Romanos 10:11

Cobren ánimo y ármense de valor, todos los que en el SEÑOR esperan.

Salmo 31:24

Temer a los hombres resulta una trampa, pero el que confía en el SEÑOR sale bien librado.

Proverbios 29:25

Confía siempre en él, pueblo mío; ábrele tu corazón cuando estés ante él. ¡Dios es nuestro refugio!

Salmo 62:8

Bueno es el SEÑOR; es refugio en el día de la angustia, y protector de los que en él confían.

Nahúm 1:7

En paz me acuesto y me duermo, porque sólo tú, SEÑOR, me haces vivir confiado.

Salmo 4:8

Pero yo confío en tu gran amor; mi corazón se alegra en tu salvación.

Salmo 13:5

Mi Dios, en ti confío; no permitas que sea yo humillado, no dejes que mis enemigos se burlen de mí. Quien en ti pone su esperanza jamás será avergonzado; pero quedarán en vergüenza los que traicionan sin razón. Señor, hazme conocer tus caminos; muéstrame tus sendas. Encamíname en tu verdad, ¡enséñame! Tú eres mi Dios y Salvador; ¡en ti pongo mi esperanza todo el día!

Salmo 25:2-5

Palabras de vida para
LA CONFIANZA

Confía en el Señor y haz el bien; establécete en la tierra y manténte fiel. Deléitate en el Señor, y él te concederá los deseos de tu corazón. Encomienda al Señor tu camino; confía en él, y él actuará. Hará que tu justicia resplandezca como el alba; tu justa causa, como el sol de mediodía.

Salmo 37:3-6

Los que confían en el Señor son como el monte Sión, que jamás será conmovido, que permanecerá para siempre … Haz bien, Señor, a los que son buenos, a los de recto corazón.

Salmo 125:1,4

Ninguna persona ni grupo de personas, ni poder en la tierra ni en el cielo puede tocar el alma que mora en Cristo, sin antes pasar por su presencia que nos rodea y recibir el sello de su permiso. Si Dios está con nosotros, no importa quién esté en contra de nosotros; nada puede estorbarnos ni hacernos daño, excepto si Dios considera que es lo mejor para nosotros y se pone a un lado para dejarlo pasar.

El cuidado terrenal de los padres por sus indefensos hijos es una débil ilustración de esto. Si el hijo está en brazos del padre, nada lo puede tocar sin su consentimiento, a no ser que sea muy endeble para impedirlo. Si los padres terrenales pueden cuidar así de sus desvalidos hijitos, ¡cuánto más lo hará nuestro Padre celestial, cuyo amor es infinitamente superior y cuya fortaleza y sabiduría nunca se alteran!

Entonces, lo que se necesita es ver a Dios en todo y recibir cada cosa de sus manos, sin intervención de causas secundarias. Y es aquí a donde tenemos que llegar antes de saber qué es una experiencia perdurable de total abandono y perfecta confianza. Debemos descansar por completo en Dios y no en los hombres, confiar en él y no en los brazos de la carne o de lo contrario caeremos en la primera prueba.

Hannah Whitall Smith

Palabras de vida para
LOS VALORES

Así que en todo traten ustedes a los demás tal y como quieren que ellos los traten a ustedes. De hecho, esto es la ley y los profetas.

Mateo 7:12

«"Ama al Señor tu Dios con todo tu corazón, con todo tu ser y con toda tu mente" —le respondió Jesús—. Este es el primero y el más importante de los mandamientos. El segundo se parece a este: "Ama a tu prójimo como a ti mismo." De estos dos mandamientos dependen toda la ley y los profetas.»

Mateo 22:37-40

Por lo tanto, como escogidos de Dios, santos y amados, revístanse de afecto entrañable y de bondad, humildad, amabilidad y paciencia, de modo que se toleren unos a otros y se perdonen si alguno tiene queja contra otro. Así como el Señor los perdonó, perdonen también ustedes. Por encima de todo, vístanse de amor, que es el vínculo perfecto.

Colosenses 3:12-14

En cambio, el fruto del Espíritu es amor, alegría, paz, paciencia, amabilidad, bondad, fidelidad, humildad y dominio propio. No hay ley que condene estas cosas.

Gálatas 5:22-23

¿Quién, SEÑOR, puede habitar en tu santuario? ¿Quién puede vivir en tu santo monte? Sólo el de conducta intachable, que practica la justicia y de corazón dice la verdad; que no calumnia con la lengua, que no le hace mal a su prójimo ni le acarrea desgracias a su vecino; que desprecia al que Dios reprueba, pero honra al que teme al SEÑOR; que cumple lo prometido aunque salga perjudicado; que presta dinero sin ánimo de lucro, y no acepta sobornos que afecten al inocente. El que así actúa no caerá jamás.

Salmo 15

¡Ya se te ha declarado lo que es bueno! Ya se te ha dicho lo que de ti espera el SEÑOR: Practicar la justicia, amar la misericordia, y humillarte ante tu Dios.

Miqueas 6:8

Aunque el ejercicio físico trae algún provecho, la piedad es útil para todo, ya que incluye una promesa no sólo para la vida presente sino también para la venidera.

1 Timoteo 4:8

Sólo dos cosas te pido, SEÑOR; no me las niegues antes de que muera: Aleja de mí la falsedad y la mentira; no me des pobreza ni riquezas sino sólo el pan de cada día. Porque teniendo mucho, podría desconocerte y decir: «¿Y quién es el SEÑOR?»

Proverbios 30:7-9

Palabras de vida para
LOS VALORES

¿Quién puede subir al monte del SEÑOR? ¿Quién puede estar en su lugar santo? Sólo el de manos limpias y corazón puro, el que no adora ídolos vanos ni jura por dioses falsos.

Salmo 24:3-4

Más vale pobre pero honrado, que rico pero perverso.

Proverbios 28:6

Y no sólo en esto, sino también en nuestros sufrimientos, porque sabemos que el sufrimiento produce perseverancia; la perseverancia, entereza de carácter; la entereza de carácter, esperanza.

Romanos 5:3-4

Pero ten cuidado de no olvidar al SEÑOR tu Dios. No dejes de cumplir sus mandamientos, normas y preceptos que yo te mando hoy.

Deuteronomio 8:11

Que el SEÑOR le pague a cada uno según su rectitud y lealtad, pues hoy él lo había puesto a usted en mis manos, pero yo no me atreví a tocar siquiera al ungido del SEÑOR.

1 Samuel 26:23

Traten a los demás tal y como quieren que ellos los traten a ustedes.

Lucas 6:31

Busquen la paz con todos, y la santidad, sin la cual nadie verá al Señor. Asegúrense de que nadie deje de alcanzar la gracia de Dios; de que ninguna raíz amarga brote y cause dificultades y corrompa a muchos.

Hebreos 12:14-15

Así dice el SEÑOR: «Deténganse en los caminos y miren; pregunten por los senderos antiguos. Pregunten por el buen camino, y no se aparten de él. Así hallarán el descanso anhelado.

Jeremías 6:16

Los que temían al SEÑOR hablaron entre sí, y él los escuchó y les prestó atención. Entonces se escribió en su presencia un libro de memorias de aquellos que temen al SEÑOR y honran su nombre. «El día que yo actúe ellos serán mi propiedad exclusiva —dice el SEÑOR Todopoderoso—. Tendré compasión de ellos, como se compadece un hombre del hijo que le sirve. Y ustedes volverán a distinguir entre los buenos y los malos, entre los que sirven a Dios y los que no le sirven.»

Malaquías 3:16-18

Los malvados nada entienden de la justicia; los que buscan al SEÑOR lo entienden todo.

Proverbios 28:5

Palabras de vida para
LOS VALORES

Dichoso el hombre que no sigue el consejo de los malvados, ni se detiene en la senda de los pecadores ni cultiva la amistad de los blasfemos, sino que en la ley del SEÑOR se deleita, y día y noche medita en ella. Es como el árbol plantado a la orilla de un río que, cuando llega su tiempo, da fruto y sus hojas jamás se marchitan. ¡Todo cuanto hace prospera!

Salmo 1:1-3

Los recordamos constantemente delante de nuestro Dios y Padre a causa de la obra realizada por su fe, el trabajo motivado por su amor, y la constancia sostenida por su esperanza en nuestro Señor Jesucristo.

1 Tesalonicenses 1:3

LOS VALORES

Si quieres que te respeten por tus actos, tu conducta debe estar por encima de todo reproche.

Aprendí de mi abuela y de mi madre que uno siempre debe respetarse a sí mismo y vivir como es debido. Así se gana el respeto de los demás.

Si nuestras vidas demuestran que somos pacíficos, humildes y fieles, otros lo reconocerán. Si nuestras vidas demuestran algo diferente, también se notará.

Rosa Parks

Palabras de vida para
LA SABIDURÍA

Tus mandamientos me hacen más sabio que mis enemigos porque me pertenecen para siempre.

Salmo 119:98

Y dijo a los mortales: «Temer al SEÑOR: ¡eso es sabiduría! Apartarse del mal: ¡eso es discernimiento!»

Job 28:28

El SEÑOR dice: «Yo te instruiré, yo te mostraré el camino que debes seguir; yo te daré consejos y velaré por ti.»

Salmo 32:8

Yo te guío por el camino de la sabiduría, te dirijo por sendas de rectitud. Cuando camines, no encontrarás obstáculos; cuando corras, no tropezarás.

Proverbios 4:11-12

Jesús dijo: «Por tanto, todo el que me oye estas palabras y las pone en práctica es como un hombre prudente que construyó su casa sobre la roca. Cayeron las lluvias, crecieron los ríos, y soplaron los vientos y azotaron aquella casa; con todo, la casa no se derrumbó porque estaba cimentada sobre la roca.»

Mateo 7:24-25

Enséñanos a contar bien nuestros días, para que nuestro corazón adquiera sabiduría.

Salmo 90:12

Adquiere sabiduría, adquiere inteligencia; no olvides
mis palabras ni te apartes de ellas. No abandones
nunca a la sabiduría, y ella te protegerá; ámala, y ella
te cuidará. La sabiduría es lo primero. ¡Adquiere sabiduría! Por sobre todas las cosas, adquiere discernimiento.

Proverbios 4:5-7

El principio de la sabiduría es el temor del SEÑOR;
buen juicio demuestran quienes cumplen sus preceptos.
¡Su alabanza permanece para siempre!

Salmo 111:10

Confía en el SEÑOR de todo corazón, y no en tu propia
inteligencia. Reconócelo en todos tus caminos, y él
allanará tus sendas. No seas sabio en tu propia opinión.

Proverbios 3:5-7

¿Acaso no lo sabes? ¿Acaso no te has enterado? El
SEÑOR es el Dios eterno, creador de los confines de la
tierra. No se cansa ni se fatiga, y su inteligencia es
insondable. Él fortalece al cansado y acrecienta las
fuerzas del débil.

Isaías 40:28-29

El que adquiere cordura a sí mismo se ama, y el que
retiene el discernimiento prospera.

Proverbios 19:8

Palabras de vida para
LA SABIDURÍA

La sabiduría que desciende del cielo es ante todo pura, y además pacífica, bondadosa, dócil, llena de compasión y de buenos frutos, imparcial y sincera.

Santiago 3:17

Hijo mío, si haces tuyas mis palabras y atesoras mis mandamientos; si tu oído inclinas hacia la sabiduría y de corazón te entregas a la inteligencia; si llamas a la inteligencia y pides discernimiento; si la buscas como a la plata, como a un tesoro escondido, entonces comprenderás el temor del SEÑOR y hallarás el conocimiento de Dios. Porque el SEÑOR da la sabiduría; conocimiento y ciencia brotan de sus labios.

Proverbios 2:1-6

¿De dónde, pues, viene la sabiduría? ¿Dónde habita la inteligencia? Se esconde de los ojos de toda criatura; ¡hasta de las aves del cielo se oculta! ... Sólo Dios sabe llegar hasta ella; sólo él sabe dónde habita.

Job 28:20-21,23

La locura de Dios es más sabia que la sabiduría humana, y la debilidad de Dios es más fuerte que la fuerza humana.

1 Corintios 1:25

Hijo mío, pon atención a mi sabiduría y presta oído a mi buen juicio, para que al hablar mantengas la discreción y retengas el conocimiento.

Proverbios 5:1-2

Pero el que me obedezca vivirá tranquilo, sosegado y sin temor del mal.

Proverbios 1:33

Si a alguno de ustedes le falta sabiduría, pídasela a Dios, y él se la dará, pues Dios da a todos generosamente sin menospreciar a nadie.

Santiago 1:5

Con Dios están la sabiduría y el poder; suyos son el consejo y el entendimiento.

Job 12:13

Nadie sabe lo que ella vale, pues no se encuentra en este mundo ... No se compra con el oro más fino, ni su precio se calcula en plata.

Job 28:13,15

La boca del justo imparte sabiduría, y su lengua emite justicia.

Salmo 37:30

El necio se divierte con su mala conducta, pero el sabio se recrea con la sabiduría.

Proverbios 10:23

Palabras de vida para
LA SABIDURÍA

El temor del Señor es corrección y sabiduría; la humildad precede a la honra.

Proverbios 15:33

Con sabiduría se construye la casa; con inteligencia se echan los cimientos.

Proverbios 24:3

Así de dulce sea la sabiduría a tu alma; si das con ella, tendrás buen futuro; tendrás una esperanza que no será destruida.

Proverbios 24:14

LA SABIDURÍA

El pueblo de Dios respira aire limpio. Y por eso es más saludable. Eso fue lo que aprendió Nehemías mientras él y un puñado de israelitas reconstruyeron los muros de Jerusalén en cincuenta y dos días.

Los enemigos de Nehemías fueron implacables en su hostilidad. De numerosas formas trataron de destruir la obra. Hubiera sido una tarea sencilla, pero su conspiración fue su perdición. Literalmente conspirar significa respirar juntos. Y estos enemigos de Dios respiraron el odio de cada uno. Si alguna vez has estado en un salón de reunión mal ventilado, sabrás lo denso que puede ponerse el aire. Esto fue lo que sucedió en el espíritu de los enemigos. Respiraron un aire viciado que les impidió pensar bien.

Sin embargo, no fracasaron por eso. La oración permitió que el pueblo tuviera una mejor comprensión para tomar decisiones sabias y hacer que Nehemías los guiara con eficiencia. De arriba llegaba abundante aire fresco.

Nuestra respiración diaria no debe provocarnos a fin de que el aire no se enrarezca con nuestros prejuicios e ideas. Solo hace falta tener un alma desdeñosa para manchar nuestro pensamiento. Debemos estar siempre orando, respirando verticalmente, si queremos tener alguna sabiduría de arriba.

Joni Eareckson Tada

Palabras de vida para
EL TRABAJO

Trabaja seis días, y haz en ellos todo lo que tengas que hacer, pero observa el séptimo día como día de reposo para honrar al SEÑOR tu Dios. No hagas en ese día ningún trabajo, ni tampoco tu hijo, ni tu hija, ni tu esclavo, ni tu esclava, ni tu buey, ni tu burro, ni ninguno de tus animales, ni tampoco los extranjeros que vivan en tus ciudades. De ese modo podrán descansar tu esclavo y tu esclava, lo mismo que tú.

Deuteronomio 5:13-14

Las manos ociosas conducen a la pobreza; las manos hábiles atraen riquezas.

Proverbios 10:4

Y todo lo que te venga a la mano, hazlo con todo empeño; porque en el sepulcro, adonde te diriges, no hay trabajo ni planes ni conocimiento ni sabiduría.

Eclesiastés 9:10

El que labra su tierra tendrá abundante comida, pero el que sueña despierto es un imprudente.

Proverbios 12:11

El perezoso ambiciona, y nada consigue; el diligente ve cumplidos sus deseos.

Proverbios 13:4

El dinero mal habido pronto se acaba; quien ahorra, poco a poco se enriquece.

Proverbios 13:11

Todo esfuerzo tiene su recompensa, pero quedarse sólo en palabras lleva a la pobreza.

Proverbios 14:23

Al que trabaja, el hambre lo obliga a trabajar, pues su propio apetito lo estimula.

Proverbios 16:26

Los planes bien pensados: ¡pura ganancia! Los planes apresurados: ¡puro fracaso!

Proverbios 21:5

¿Has visto a alguien diligente en su trabajo? se codeará con reyes, y nunca será un Don Nadie.

Proverbios 22:29

Ni a mi corazón privé de placer alguno, sino que disfrutó de todos mis afanes.

Eclesiastés 2:10b

Siembra tu semilla en la mañana, y no te des reposo por la tarde, pues nunca sabes cuál siembra saldrá mejor, si ésta o aquélla, o si ambas serán igual de buenas.

Eclesiastés 11:6

Les animamos a amarse aun más, a procurar vivir en paz con todos, a ocuparse de sus propias responsabilidades y a trabajar con sus propias manos. Así les he mandado, para que por su modo de vivir se ganen el respeto de los que no son creyentes, y no tengan que depender de nadie.

1 Tesalonicenses 4:10-12

EL TRABAJO

Porque incluso cuando estábamos con ustedes, les ordenamos: «El que no quiera trabajar, que tampoco
coma.» Nos hemos enterado de que entre ustedes hay
algunos que andan de vagos, sin trabajar en nada, y
que sólo se ocupan de lo que no les importa. A tales
personas les ordenamos y exhortamos en el Señor
Jesucristo que tranquilamente se pongan a trabajar para
ganarse la vida.

2 Tesalonicenses 3:10-12

El que había recibido las cinco mil monedas llegó con
las otras cinco mil. «Señor —dijo—, usted me encargó
cinco mil monedas. Mire, he ganado otras cinco mil.»
Su señor le respondió: «¡Hiciste bien, siervo bueno y
fiel! En lo poco has sido fiel; te pondré a cargo de
mucho más. ¡Ven a compartir la felicidad de tu señor!»

Mateo 25:20-21

Ahora bien, cuando alguien trabaja, no se le toma en
cuenta el salario como un favor sino como una deuda.

Romanos 4:4

SEÑOR, yo sé que el hombre no es dueño de su destino,
que no le es dado al caminante dirigir sus propios
pasos.

Jeremías 10:23

Como distribuidor de los talentos, Dios sabe qué habilidades le dio a cada individuo. Es lógico que haremos el mejor trabajo cuando coincide con los talentos que Dios nos concedió. Así que es importante que tratemos de encontrar cuáles son esos talentos. Sin embargo, ¿cómo hacerlo?

Es sabio preguntarnos, mientras hacemos algo al respecto, ¿cuál es el «mío» en particular? Tal vez sea para lo técnico: máquinas de negocios y demás, una habilidad que está muy en demanda, o quizás una habilidad para el arte: música, pintura, escribir o algo diferente, o cualquier otra cosa que también tenga su lugar.

Dios siempre hará posible que hagamos aquello para lo que nos dotó si en verdad deseamos su voluntad en nuestras vidas.

Necesitamos, entonces, descubrir nuestros talentos ocultos y ponerlos en acción. Y un día, Cristo nos dará la mejor satisfacción: «¡Hiciste bien!»

Jeanette Lockerbie

Nos agradaría recibir noticias suyas.
Por favor, envíe sus comentarios sobre este libro
a la dirección que aparece a continuación.
Muchas gracias.

Editorial Vida
8325 NW 53rd St., Suite: 100
Miami, Florida 33166-4665
Vidapub.sales@harpercollins.com
http://www.editorialvida.com